운명을 좋게 만드는
24가지
방법

국립중앙도서관 출판예정도서목록(CIP)

운명을 좋게 만드는 24가지 방법 / 지은이: 정용근. -- 서울
  : 상원문화사, 2018
     p. ;     cm

ISBN  979-11-85179-27-8 03180 : ₩13500

운명(숙명)[運命]
운수(운)[運數]

188.5-KDC6
133.3-DDC23                          CIP2018026565

# 운명을 좋게 만드는 24가지 방법

| 정용근 지음 |

祥元文化社

**큰** 부자는 하늘이 내고, 작은 부자는 부지런한 사람이 만드는 것이라는 말이 있다. 이는 작든 크든 사람은 모두 부자가 될 수 있다는 뜻도 가지고 있는데, 살다가 보면 아무리 노력해도 되는 게 없는 사람이 있다. 이렇게 실패를 거듭하다 보면 열심히 사는 것에 회의를 느끼게 되고 운명을 생각하게 된다.

**부**귀영화는 노력과 머리로만 되는 게 아니라는 말에 더욱 공감한다. 왜 그럴까? 이는 타고난 운명이 천성이고, 그게 습관이 되어 당신에게 붙어 있기 때문이다(못사는 이유는 그 외에도 더 있기는 함). 그래서 어떤 경제학자는 우리나라의 재물을 모두 거두어 사람들에게 골고루 똑같이 나눠준다 하더라도 한 10년쯤 지나면 또다시 부귀와 빈천한 생활로 나누어진다고 하였다. 이게 타고난 운명이다.

**운**명! 이대로 살 수 만은 없다. 바꿔야 한다. 바꿀 수 있는 데까지 조금이라도 더 개운을 해야 한다. 『운명을 좋게 만드는 24가지 방법』이대로만 하면 부자는 복을 지키게 되고, 빈자는 복을 받게 되며, 환자는 건강을 되찾게 될 것이다.

**이** 책은 경제학의 논리나, 이론을 나열한 책이 아니다. 『사주학 길잡이』를 집필할 때에 개운 방법을 간단히 언급한 바 있는데 이를 본 독자들의 요구에 필을 든 것이다.

**좀** 쉽게 쓰자니 내용이 부실한 것 같고, 또 깊게 얘기하다 보니 허황돼 보이는 점도 없지 않으나, 원인부터 대책까지 필자가 검증되는 것만 조심스레 다루었다. 책을 읽다 보면 중복되는 얘기도, 반복되는 내용도, 다시 읽는 느낌도 없지 않은데, 이는 그만큼 두루 적용되기 때문이다.

**인**연이 있는 독자라면 이 책을 만나는 그날부터 새로운 운명으로 행복한 변화가 시작될 것이다.

무술년 맹하에
포천에서
정용근

*Contents*
차례

운명을 좋게 만드는 24가지 방법

# 수술로 만든 운명 바뀔까 안 바뀔까?

얼차려, 얼이 나갔다, 얼떨떨하다 등 얼을 정신 또는 마음으로 쓰기도 한다. 마음에도 모양이 있으니 얼의 꼴, 즉 '얼꼴'이다. 이게 '얼골'이란 말로 변했고, 다시 '얼굴'로 바뀌었다고 하는데 타당성이 있는 말이다. 그러므로 사람의 얼굴 속에는 마음이 들어 있다〔동물도 그러함〕. 이걸 찾아내는 학문을 인상학 또는 관상학이라 한다.

요즘은 타고난 얼굴을 수술로 바꾸고 있는데, 세심하게 검토해서 신중하게 결정해야 할 일이다. 성형수술을 꼭 해야 할 사람이 없지는 않다. 그러나 신중해야 한다. 수술을 하면 운명이 바

II

Chapter 1

꾸기 때문이다. 타고난 사주팔자를 바꿀 수 없는데, 어떻게 운명이 바뀌겠냐는 반론도 적지 않지만, 필자는 어느 정도 작용은 있으리라 믿는다.

『사주학 길잡이』 개운 방법에도 언급한 것처럼, 가령 어느 좋은 집안에 어여쁜 딸이 있다고 하자. 천지사방에서 중매가 끊이지 않는다. 모두가 훌륭한 집의 괜찮은 신랑감이다. 그러던 어느 날, 사고로 얼굴이 흉하게 망가진다. 그래도 중매가 밀려들겠는가?

천만의 말씀이다. 얼굴이 바뀌었으니, 운명이 바뀐 것이다. 안 되겠다 싶어 수술을 반복하였고, 마침내 전보다 더욱 아름답게 되었다면 어떻게 되겠는가? 관상이 바뀌었으니 다시 운명이 좋아질 것이다. 그러므로 꼭 필요한 사람이면 수술을 해야 한다. 그러나 괜히 허영심이나 채우려고 했다간 돈 잃고, 운명이 막히고, 얼굴을 버리기 쉽다.

요즘 일반화되어 있는 제왕절개 수술 얘기 좀 하자. 전생에 지은 인연으로 이생에 태어나는 것인데, 태어나는 날이 다르다고 운명이 바뀌겠는가? 이렇게 묻는 이가 많다. 흔히 하는 말로 호박에 줄긋는다고 수박되겠느냐는 것이다. 맞는 말이다. 그러나 다 맞는 말이 아니다. 태아가 세상에 태어날 때 그날 오행五行의 기氣가 몸속으로 들어간다. 엄마의 뱃속에서 나와 큰 소리로 첫 울음을 울며 숨을 내쉬게 되는데, 이때 머리 위 정수리, 백회, 천

공혈로 氣가 충전된다〔단전호흡을 해본 사람은 알겠지만, 들숨과 날숨 중에, 날숨에서 들어오는 게 진기다〕. 그러면 그게 성격이 되고, 건강이 되고, 운명이 되는 것이다. 그러니 어찌 운명의 변함이 없다 하겠는가〔그 외에도 생명의 탄생은 신만 아는 비밀이 있는 것 같다〕! 분명한 것은 자연적으로 태어나야 할 때에 출생한 것과는 운명이 같지는 않을 게다. 자연적인 산삼과, 인공재배인 인삼이 같을 수 없는 것처럼, 그러나 꼭 제왕절개로 아기를 낳아야 한다면 그래도 아무 날이나 막 낳는 것보다 길일吉日을 택하는 것이 새로 태어나는 생명에게 좋은 운명을 만들어줄 수 있는 부모로서의 방법이다.

좋은 운명을 만들기 위해서는 몸 관리를 잘해야 한다. 귀는 총명함과 덕을 주관한다. 공자는 나이 60을 이순耳順이라 하였는데 무슨 말인가 하면, 나이가 60세쯤 되면 귀가 순해져야 한다는 것이다. 귀가 순하다 함은 누구에게 무슨 소리를 들었을 때에 금방 반응해서는 안 된다는 뜻이다.

환갑노인이 반가운 소리를 들었다 하여 좋다고 해해대며 호들갑을 떨거나, 싫은 소리를 들었다 하여 발끈해서 팔팔 뛴다면 그 동안 살아온 인생의 무게가 전혀 없는 사람이라는 뜻이다. 그런가 하면 우리 선조들은 안 좋은 소리를 들으면 차라리 물로 귀를 씻었다. 이 얼마나 멋스러운가! 이렇게 소중한 귀에 몇 개씩 구멍을 뚫고 장난을 하면 정신력이 흩어지고, 덕이 부족한 사람이 되기 쉽다.

눈은 태양이다. 정신과 심성이 눈에서 나온다. 눈은 그 빛이 너무 강렬해서도 안 되고, 흐릿해도 안 좋다. 조용하면서도 빛나는 눈, 이게 상격이다. 이런 눈을 만들기 위해서는 마음부터 바꿔야 한다. 가능하면 긍정적으로 세상을 보자. 그리하여 맑고 자비로운 눈을 만들어야 한다. 눈은 관상학에서도 학자에 따라 40점 또는 50점을 주는 곳이다. 아주 귀중한 몫을 차지한다. 이런 눈을 잘못 건드려 놓으면 운명에 비상이 걸린다.

입은 업도 짓고, 덕도 쌓는다. 식욕이나 성격을 주관하며, 크게 두 가지 역할을 한다. 입 속으로 들어가는 것과, 입 밖으로 나오는 것이다. 입 속으로 들어가는 게 잘못되면 몸 안에 병이 되어 자신이 괴롭고, 나오는 게 잘못되면 남에게 고통을 준다. 말 한마디로 듣는 이의 가슴에 못이 되고, 원수가 되기도 한다. 입으로 들어가는 것을 살피고 골라먹듯이, 입 밖으로 나오는 말도 그리 해야 하는데 그게 영 쉽지 않은 일이다. 아무튼 입은 여닫기를 아주 잘해야 한다.

뚱한 표정으로 있으면 입 모양이 아래로 처진다. 그러면 코에서 내려오던 복이 입으로 들어가지 않고 양옆으로 흘러 나간다. 항상 웃는 얼굴을 하여 입꼬리(입 양끝)가 위로 향하게 만들면 좋다. 이빨도 자꾸 쑤셔서 이 사이가 벌어지면 복이 샌다. 치아의 개수도 많을수록 관상으로 좋은 것이니, 어릴 때부터 관리를 잘해주어 영구치를 뽑지 않도록 할 수만 있다면 이 또한 부모가 자녀의 복을 지켜 주는 방법이다.

코는 자기 자신을 나타낸다. 그래서 코가 강하게 보이면 성격도 강하고, 코가 예민해 보이면 성격도 역시 그러하다. 또한 재물의 창고로 보기도 한다. 재물의 창고인 코를 움직움직 벌름거리며 장난을 치거나, 코에 구멍을 뚫거나 해서는 안 된다. 그런가 하면 콧속의 털도 너무 짧게 자꾸만 깎아서 늘 콧구멍이 훤히 다 보이면 그것도 복 나가는 짓이다. 재물 창고에 문이 훤하게 열려 있는 것과 같기 때문이다.

이마는 하늘과 같다. 머리칼이 더부룩하게 내려와 이마를 덮으면 이는 하늘을 가린 것과 같아서 위에서 능력을 알아주지 않는다. 그러므로 윗사람에게 잘 보여야 하는 직장인이나 공무원, 정치인들은 항상 이마를 훤하고 깨끗하게 관리해야 한다.

눈 수술과 코 수술을 하는 사람이 가장 많다는데, 이 두 가지가 관상학에서 참으로 중요한 곳이다. 코는 30%를 본다. 눈과 코만 좋아도 관상학에서 적어도 70% 이상 점수를 받은 셈이다. 그러니 이 두 가지만 좋아도 먹고 사는 데는 배고프지 않다. 그런데 이것을 건드려 잘못되면 돈 버리고 운 막히고 줄줄이 고생이다.

요즘은 턱을 깎는 수술도 한다는데, 턱은 노후의 복주머니다. 또한 아랫사람들과의 인연도 턱으로 본다. 그러므로 턱을 깎는 다는 것은 노후의 복과, 아랫사람들과의 인연을 깎아내는 것이라 할 수 있다.

관상을 볼 때는 형상만 보는 게 아니라, 찰색이라고 하여 기혈 氣血을 중하게 보기도 한다. 일반인도 볼 수 있는데, 자주 만나는 사람의 얼굴을 보면 알 수 있다. 운이 좋을 때는 화사하게 광채가 나고, 안 좋은 일이 있을 때에는 메마른 듯 피곤한 듯 혈기가 없다.

그래서 "야, 너 무슨 안 좋은 일 있냐? 얼굴이 안 좋아 보인다." 하기도 하고, "너 요즘 좋은 일이 있는 것 같아." 하기도 하는데 늘 보는 사람은 이렇게 관상의 전문가가 아니라도 볼 수 있는 것이다. 이것은 기색을 보는 것이다.

성형수술, 신중해야 한다. 수술한 곳은 혈기가 잘 돌지 않아서 기색이 나쁘게 작용하기 쉽기 때문이다.

가장 좋은 관상 만들기는 많이 웃어서 좋은 인상을 스스로 만드는 것이다. 또한 관상보다 심상心想이라 했으니 이는 관상학 책에 있는 얘기다. 마음이 선善하지 않고서는 밝은 웃음이 있을 수 없다. 따라서 마음공부가 최고의 관상을 만드는 최선의 방법이다. 웃으며 살기에도 인생은 짧다.

## 관상학 이야기

백범 김구 선생님이 관상학을 공부한 적이 있다 하는데, 과거시험에 낙방한 후 '무슨 일을 해야 하나?' 생각하며 지낼 때에 그의 부친께서 말씀하시기를 '큰일을 하려면 사람 보는 법을 배워라, 상법을 공부하면 사람의 마음을 볼 수 있다' 하시며 관상학을 권하셨다고 한다. 그래서 그는 틈나는 대로 관상학을 열심히 익혔다. 하루는 자신의 얼굴을 유심히 관찰하였는데 아무리 봐도 좋지가 않았다 한다. 이에 크게 낙심하며 공부도 되지 않았는데 어느 날인가 이런 문구가 눈에 띄었다.

'얼굴이 잘생긴 것은 몸이 건강한 것만 못하고, 몸이 건강한 것은 마음이 바른 것만 못하다.'

이 글에 다시 힘을 얻어 바른 마음으로 공부하기를 게을리하지 않았으니 마침내 민족의 지도자가 되었다. 부친의 말씀대로 인상학 공부를 한 것이 얼마만큼이나 도움이 되었는지는 알 수 없으나, 스스로 자신의 관상을 좋지 않다고 한 것은 인생 후반에 안두희 사건이 있었으니 어쩌면 적중한 것 같기도 하다.

# Chapter 2 인간으로 나왔으니 오복을 누려보자

세상에 태어나서 가장 복되게 사는 것은 무엇일까? 요즘 같은 황금만능 시대에서는 돈이 많은 거 아니겠냐고 답하는 사람들이 꽤나 많을 것이다. 돈은 무엇이든 할 수 있는 그야말로 도깨비방망이와도 같기 때문이다. "집 나와라!" 하면 집이, "차 나와라!" 하면 자동차가, 밥이고 과일이고 안 되는 게 없는 거 같다.

수련을 잘하여 층차가 높아지면 신비한 재주가 생기는데 천안통이라 하여 천 리나 만 리 밖의 일도 앉아서 볼 수 있고, 천이통이라 하여 지구 끝에 소리도 들을 수 있으며, 축지법이라 하여 상상을 초월할 수 없게 몸을 빨리 이동한다고 한다. 그런데 요즘은 이런 게 별 능력이 아닌 세상이 되었다.

천안통은 텔레비전 카레라가 구석구석 외국까지도 골고루 다 비춰주고 있고, 전화 한 통화면 천이통보다도 더 정확하여 서로가 대화를 한다. 또한 축지법도 아무나 하는 세상이 아닌가! 자동차도 있고, 기차도 있으며, 비행기도 있으니 돈이 도술이다. 언젠가는 엘리베이터를 타고 오르내리며 '내가 과학의 힘으로 이렇게 공중 부양을 하고 있구나.' 생각을 한 적도 있다. 그래서 많은 사람들이 과학과 돈이면 다 되는 것으로 생각하기 쉽다. 그러나 건강을 잃고 저승문턱에서 사경을 경험한 사람이면 돈이고 뭐고 건강이 최고라 할 것이다. 이렇게 인생을 사는데 있어서 중요함이 서로 다를 수 있다. 여기에 대해 우리 조상들은 복 중에 복은 오복이라고 이미 규정해 놓았다. 어느 한 가지로 치중하지 않은 것이다.

다 아는 얘기겠지만 다시 한번 음미해 보자.

오복五福이란 수壽, 부富, 강령康寧, 유호덕攸好德, 고종명考終命이다. 이 다섯 가지 중 누락됨이 적을수록 안정된 생활을 하게 된다.

수壽란 수명을 말한다. 그렇다. 부러울 것 없는 호화판 갑부집에 태어났다 하더라도 몇 년 또는 몇 달 살고 수명을 마친다면 이게 복된 인생이라 할 수 있겠는가? 그러므로 장수를 오복에 넣었을 것이다.

둘째가 부富이다. 살아가려면 먹고 살 수 있는 재물이 있어야지 아침 먹으며 점심 걱정하고, 점심 먹고 나서 또 저녁 끼니를 근심해야 한다면 얼마나 고통이겠는가! 아마 이렇게 살라 하면, 개똥밭에 굴러도 이승이 좋다지만, 삼백 년을 살라 해도 싫다 할 것이다. 그래서 배불리 먹고 넉넉히 살 수 있는 부를 중하게 보았을 게다.

세 번째가 강령康寧이다. 건강을 말하는 것이다. 명이 길어 오래 살아도, 재물이 아무리 많아도 몸이 허약하여 밥보다는 약을 많이 먹어야 한다면 그 삶이 얼마나 지루하며, 내 몸을 남에게 의지해야 겨우 움직일 수 있다면 오래 살면 뭐 하며, 돈이 많다 한들 또 어디다 쓰는 재미가 있겠는가? 그래서 건강함을 오복 중에 넣었나 보다.

다음은 유호덕攸好德이다. 예로부터 우리 선조들은 덕이 있음을 복으로 보았다.

몸을 바르게 행하고 마음을 닦아 덕 있는 사람으로 변화할 수도 있겠지만, 태어날 때부터 덕망을 갖춘다면 얼마나 좋겠는가! 오래 살고, 재물이 풍족하며, 건강하게 사는데, 덕이 부족하여 그를 아는 사람들로부터 비웃음이나 손가락질을 받는다면 선비 정신을 으뜸으로 여기던 우리 조상들에겐 그런 수치는 차라리 죽음보다도 더한 것이라 여겼을 것이다.

　마지막으로 고종명考終命이라 하였는데, 죽음을 어떻게 맞이하느냐 하는 것이었다. 수가 다했을 때 집에서 편안히 눈을 감는 것을 또한 복이라 여겼으니, 사지가 찢기는 극형을 당한다든지, 호환을 겪어 짐승의 먹이다 되는 것은 만물의 영장인 사람으로서 비참한 최후라 보았던 것이다. 머리카락을 자르는 것까지도 꺼리던 시대였으니 그럴 만도 하다.

　이렇게 우리의 선조들은 삶의 목표를 어느 한두 가지에 두지 않고 오복을 함께 누리려고 힘쓰며 살았던 것이다. 이는 참으로 지혜 있는 삶이며, 요즘 같이 돈이면 다 되는 시대에 삶의 길잡이가 되었으면 싶다. 특히 덕德을 복 중에 넣어 강조한 것은 지혜를 넘어 신비롭고 이채롭기까지 하다. 이것은 남에게 베풀지 않고서는 절대로 얻을 수 없는 복이기 때문이다.

　덕을 베푸는 것이야말로 참된 삶이요, 〔대대손손〕 복 받는 길이자 부자가 되는 비결이다. 그 열쇠는 책에 있는 것이 아니라, 실천하는데 있음을 당부 드린다.

　운동을 하면 몸이 건강해진다는 것을 우리는 알고 있다. 그러나 아는 것만으로는 건강해질 수 없다. 당신의 운명도 실천하는 만큼 바뀌는 것이다.

# Chapter 3
## 노력하지 않으면 운이 와도 별 수 없다

큰 부자는 하늘이 내고, 작은 부자는 부지런한 사람이 만드는 것이라고 한 바 있다. 큰 사업가들은 참으로 부지런하고 열심히 산다고 할 수 있다.

현대 정주영, 대우 김우중 씨의 자서전에도 그렇듯이 실제로 그러하거늘 대개의 기업 총수들은 비행기를 타면 착륙하기도 전에 문 앞으로 와서 벌써 내릴 준비를 한다는 것이다. 이것이 성격이고 운명이다. 이렇게 열심히 하고 있다. 그러면 열심히만 하면 될까?

한보그룹의 정태수 회상이 '운칠기삼運七氣三'이라는 유명한 말을 하였다. 사업의 성공은 기술로만 되는 게 아니라 그동안 겪어 보니 기술이 삼이면 운이 칠을 좌우했다는 것이다. 이렇게 운이 중요한 몫을 차지한다.

그동안 잘 되던 회사가 이상하다 싶게 안 될 때는 그 기업의 총수가 운이 다한 것이라 보면 크게 다르지 않다. 가장의 운이 나쁘면 가정이 안 좋듯이, 대표의 운이 나쁘면 회사가 어려워지는 것이다. 예전 같으면 문제가 안 될 듯한 것도 왠지 사건을 일으키고 만다. 회사가 어려워지는 게 갑자기 회사의 직원들이 약속이라도 한 것처럼 일을 안 했다거나 잘못하진 않았을 것이다. 그럴 수는 없다. 이럴 때는 실수를 하기 쉬우므로 전보다 아주 세심하게 일을 추진해야 한다. 그렇다고 모두 손놓고 일을 하지 않을 수는 없지 않은가! 노력하지 않으면 아무런 열매도 거둘 수 없으니 말이다.

봄부터 씨를 뿌리고, 김매고, 거름을 줘야 가을에 수확을 하는 것이다. 아무런 준비가 없다면, 하늘에서 풍년을 주어도 땅에서 거둘 게 없는 것이다. 낚시에 미끼를 끼우고 물에 던지는 수고는 있어야 고기를 낚는다. 운이 좋아도 아무 일도 하지 않으면 절대로 들어올 복福이 없다. 삼국지에 나오는 '진인사대천명'이 꼭 맞는 말이다. 사람이 해야 할 일은 다 하고 나서 그 성패는 하늘의 명을 따라야 한다. 자신이 할 수 있는 일을 성실하게 해야 한다. 별을 따려고 하늘만 보는 자는 발밑에 꽃을 밟기 쉽다고 하였다. 자기 자신의 능력의 한계를 넘어 뜬구름을 잡겠다고 성실과 근면을 외면하는 일은 노력이 아니다. 실천 가능한 일로 현명하게 계획을 세우고 끊임없이 노력해야 한다.

운이 아무리 좋은 사람도 어릴 적 성탄절에 산타할아버지가 선물 주듯이 그렇게 자고 나면 한 덩이 그냥 생기는 복이 아니다. 반드시 노력으로 얻어지는 것이다.

필자의 벗 중에 건설 계통에서 일하는 이가 있어 한 해 동안 길吉,흉일凶日을 뽑아 전해주었다. 몇 월 며칠은 좋은 날, 혹은 나쁜 날로 표시해 주었는데, 그 후 만날 기회가 있어 잘 활용하는가 물었더니 좋다는 날에 마작을 하니까 돈을 딴다며 좋아했다. 나는 어이가 없었다. 그러면 좋은 날에 마작하고, 나쁜 날에 사업한단 말인가! 다시 일러주었는데 대충 이러하다.

수금하는 날을 이날로 맞춰라, 어려운 일, 풀리지 않는 일을 이날 하라, 만나기 힘든 사람을 이날로 약속하라는 등 사업의 중요한 일을 길일에 맞춰서 하라고 당부한 기억이 난다.

이런 경우도 있었다. 필자가 오랫동안 갖고 있던 임야를 팔아 준 것이 인연이 된 부동산업자에게, 재미 삼아 사주를 풀어주고는 며칠과 며칠은 좋은 날이니 휴대폰 배터리를 충분히 충전해야 하며, 사우나 같은 곳에 가서 시간 보내지 말고 사무실 자리를 잘 지키라고 몇 차례 일러주었더니 신기하게 잘 맞는다면서, 다른 날은 지방에 다니면서 경비 만나고 있으니 좋은 날만 일하면 어떻겠느냐고 묻는 것이었다. 이건 말도 안 되는 소리, 볶은 콩에 싹날 소리다. 그물을 처놓아야 길일吉日에 물고기가 걸려들지 않겠는가? 이렇듯 노력은 해야 한다. 그러나 운이 안 좋으면 결과가 형편없다. 매일 하던 일도 실수 연발이요, 처음 하는 일이라면 막히든가 잘못된다. 그러므로 어렵고 복잡한 일은 길일吉日에 처리하고, 쉽고 단순한 일은 안 좋은 때에 하는 것도 방법이 될 수 있다〔가능하면 운이 안 좋을 땐 공부를 하는 게 제일 안전하다〕.

어쨌든 부지런히 노력은 해야 한다. 운이 좋다고 하면서 감나무 아래서 입 벌리고 있어 봤자 그게 입으로 들어가겠으며, 혹여 들어가면 몇 개가 들어가겠는가! 그러나 장대를 들고 딴다면 한 바구니도 더 딸 것이다.

이런 말이 있다. 어리석은 사람은 안 될 일을 쉽게 생각해서 실패하고, 약아빠진 사람은 쉬운 일을 어렵게 생각만 하다가 실패한다. 실패를 피하다가 성공까지도 피한다는 것이다.

얘기를 하나 더 해 보자. 언젠가 어떤 이의 사주를 본 적이 있다. 얼마 전에 대운도 들어왔고 운이 참으로 좋다 했더니, 사업하다 몇 년 전에 실패하고 그 후 몇 년간 은둔 생활을 하다가 요

즘 친구들을 만나는데, 사업할 땐 나 몰라라 하더니 밥도 사주고
술도 사주며 고맙게 잘 대해줘서 요즘에는 아주 기분 좋게 지내
고 있다는 것이다.

운명을 모르면 이럴 수밖에 없다. 실패를 했으니 다시 사업 생
각을 하면 겁이 날 수도 있고, 아니면 자본금이 없을 수도 있다.
그래서 놀고 있는데 마침 운이 좋으니 여기저기서 이것저것 잘
도 얻어먹는다.

하늘이 주는 기회를 이렇게 허송세월로 보내서는 안 된다. 운
이 왔을 때는 몇 배 더 노력을 해야 한다. 그래도 되는 것이 운이
좋으면 몸도 건강하기 때문이다. 그만큼 일하라고 하늘이 도와
주나 보다. 또 의학적으로 말하면 하는 일이 뜻과 같이 잘 되니
까 엔도르핀이 나와서 피로한 줄도 모른다. 그래서 돈 벌 때는
그렇게 고생고생 했지만 아프지도 않았는데, 오히려 돈 못 버는
요즘에 건강이 더 않 좋다 한다. 그건 맞는 말이다. 운이 안 좋으
면 당연히 몸도 안 좋게 마련이다. 그러므로 회사의 사장이, 가
게의 주인이, 집안의 가장이 괜히 건강이 안 좋거나 우연히 사고
가 잦던가 하면 운명을 살펴보고, 경제를 점검해야 할 때가 된
것이다. 그래야 실패하지 않는다.

돌이켜 보면, Y건설 회장이 납치되면서부터 그 회사는 끝났고,
D그룹도 회장이 이혼하고 어려워졌으며, H그룹도 탄광이 무너

지면서 내리막이었다. 이렇게 전조 현상이 있는 것이다. 당신이 주식에 투자한 회사가 이러 하다면 이럴 때는 얼른 빼야 한다.

살아가면서 흔히 하는 말로 안 되면 조상 탓이요, 잘 되면 내 능력이라고 착각하기 쉬운데, 그게 사실은 이러하다. 당신의 대뇌가 시킨 것이고, 대뇌는 스스로 한 것이 아니라, 자신의 영靈의 명령에 따른 것이며, 영은 우주의 기氣의 영향을 받은 것이다. 그것이 운명이다. 그러므로 운이 좋으면 판단이 정확하고, 결정이 올바르다. 그런가 하면 주위에서 잘도 도와준다. 그런데 그것이 자기 자신이 남보다 똑똑하기 때문에 성공한 것이라고 우쭐해진다. 왜냐하면 자신이 생각하고 판단하고 결정하여 추진했기 때문이다. 그러다 흉운凶運이 오면 크게 실패하고, 또 남을 탓하거나 조상을 들먹인다.

사람이 살다 보면 우연이든 필연이든 동動해야 할 때가 있다. 이 변화 시기가 주요한 시점이다. 운이 바뀌는 시기가 이때가 대부분이다. 돈을 버는 것도, 재물을 잃는 것도 바로 이때라고 보면 된다. 사업을 새로 시작하든가, 업종을 변경하든가, 장소를 이전하든가, 직장을 옮기고 싶을 때는 경거망동하지 말고 지금 나의 운명이 어떤가 점검해 본 연후에 결정하시라. 이것도 궁합을 볼 때처럼 세 곳쯤 가 봐서 결론이 같으면 더 확실하지 않겠는가! 그러나 일이 잘못되면 손해 보는 액수도 크려니와 가족이나 주위 사람들로부터 그동안 능력을 인정받았던 점수까지도 모두 다 잃게 된다. 돈 잃고 망신당하는 그야말로 양수겹장이 된다. 사업 실패로 신용을 한 번 잃으면 그를 기억하는 사람들의 뇌리에서 쉽게 지워지지 않는다. 안 좋은 기억은 더 오래 남기 때문이다. 그러나 때에 맞춰 곡식을 심고 가꾸듯, 운에 맞춰 살아가면 실패하지 않으니 일이 즐거워진다. 즐거운 마음으로 노력, 또 노력하자! 노력하지 않는 사람은 대운이 와도 별 수 없다.

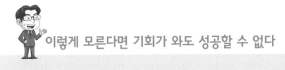
어느 날 두 아들이 아버지를 따라서 산길을 가다 보니 풀 섶에 꿩의 꽁지 깃이 빠져 있는 게 보였다. 장끼의 깃털로서 알록달록 아름다웠다.

동생이 그걸 집어 들고는 "형, 이게 토끼 꼬리지?" 하고 묻자, 형이 말하기를, "토끼는 작은데 꼬리가 이렇게 길 수는 없지. 이건 노루 꼬리야. 눈여겨 잘 봐 둬라" 하고 말했다. 곁에 있는 아버지가 보니 한심했다. 이녀석들이 토끼 꼬리도 모르고, 노루 꼬리도 모르다니……. 하긴 생각해 보니 아들에게 그런 걸 가르쳐 준 적도 없었다. 그래서 아버지는 이 기회에 바르게 알려줘야 하겠다고 생각하며 이렇게 말했다.

"얘들아, 너희들 이제 보니 아무것도 모르는구나. 그래서야 이 애비가 죽은 뒤에 어떻게 세상을 살아가겠니? 잘 보아라, 이 꼬리는 알록달록하며 긴 것이 호랑이 꼬리다."

이렇게 모르면서 세상을 살아가려면 얼마나 힘이 들 것인가? 예나 지금이나 아는 게 힘이라는 말이 있다. 자신의 목표를 능력에 맞게 적당히 세우고, 차근차근 쉬지 말고 실력과 경험을 함께 키워 나가다 보면 그 쓰임을 필요로 하는 운명의 날이 언젠가는 올 것이다.

## Chapter 4 인간 생명 진귀한데 허송세월 하시려나

인간은 만물의 영장이라고 한다. 우리보다 세상을 먼저 산 선
인들께서 벌써부터 하신 말씀이다. 사람으로 태어난 것이 그만큼
귀하다는 얘기가 된다. 전해오는 이야기 중에 '인간으로 태어난
것이 참으로 복된 것' 이라는 우화가 있다.

어느 시골집에 암소와 돼지를 함께 기르고 있었는데, 소가 새끼
를 낳아서 무럭무럭 잘 자랐다. 그런데 송아지가 보니 엄마소는
논밭도 갈고 짐도 나르며 힘들게 일하건만 주인이 주는 것은 겨우
거친 풀이었고, 돼지는 아무 일도 하지 않는데 사람들이 먹다 남

긴 음식물이 섞인 뜨물을 주고 있었다. 이럴 수가 있는가! 나도 이다음에 엄마소처럼 일을 시키고 거친 풀만 줄 것이라 생각하니 아무리 봐도 이건 공평하지 않았다. 송아지는 이게 영 못마땅해서 투덜거렸고, 그때마다 돼지는 맛있는 음식을 돼지처럼 잘도 먹었다. 송아지는 돼지로 태어나지 못한 걸 후회하며 돼지의 삶을 한없이 부러워했다.

그러던 어느 날, 주인집에 잔치가 있어 돼지를 잡기로 하였다. 돼지는 가슴이 철렁했다. 겨우 몇 달밖에 살지 않았는데 벌써 죽어야 하다니. 저 소는 몇 년을 살았건만 아직도 이런 위험이 없지 않은가? 아, 내가 송아지로 태어났다면 얼마나 좋을까? 저 소만큼 오래 살 수 있다면…… 하면서 소를 부러워했다는 불교에 있는 이야기다.

그렇다! 사람들이 먹다 버린 쓰레기 같은 음식을 그처럼 먹고 싶어 하는 송아지, 불과 몇 년 사는 소를 부러워하며 그렇게 죽어 가는 돼지의 삶, 이 모두가 우리 인간이 볼 땐 너무도 하찮은 것들이다. 그런데도 거친 음식을 먹는 송아지는 돼지의 죽을 탐내고, 몇 달 살다 죽어야 하는 돼지는 소의 수명을 부러워한다. 그러니 사람은 얼마나 진귀한 것인가! 먹는 음식이 돼지의 비할 바 아니며, 수명 또한 소에 견줄 바가 아니다. 사람은 그야말로 만물의 영장이다. 소나 돼지가 어디 감히 사람의 음식을 탐하겠으며, 인간의 수명을 부러워하겠는가!

이렇게 귀한 몸을 받아 이 세상에 나왔으니, 함부로 살 수는 없지 않은가? 대충 살 수는 없지 않은가? 열심히 산다는 것이 그저 일만 해서 돈을 많이 벌어야 한다는 뜻이 아니다. 너무 일을 하는 것도 일에 대한 집착이며 더 가지려는 욕심이다. 또한 몸이 힘들면 작은 일에도 짜증을 내기 쉽고, 하찮은 일에도 화내기 쉽다. 그러면 집안 분위기도 서먹해지고 웃음과도 멀어진다. 웃는 집에 복이 온다 하였는데 그래서야 되겠는가. 그러므로 일도 급한 일, 꼭 해야 할 일이 아니면 괜히 만들어 고생할 필요는 없다. 천천히 생각해 가며 지혜롭게 해야 한다. 잘 사는 사람들이 행복한 게 아니라, 행복한 사람들이 잘 사는 거라는 말이 있다.

구도자나 수행하는 사람들은 말한다. 우리 인간들이 이 세상에 온 것은 그 목표가 있는데, 이는 자신의 영靈을 진화시키기 위해서라고. 그런데 일만 한다고 하여 당신의 영혼이 진화되겠는가? 또한 돈을 많이 벌었다 해서 그 사람의 영혼이 업그레이드되는 것이 아니다. 물론 돈도 벌어야 한다. 억지로라도 벌어야 한다. 그러나 노력만큼, 생각만큼 되는 것도 아니다. 그러하다면 가난한 사람이 어디에 있겠는가!

우리는 흔히 잘 살고 못 사는 기준을 재물로 평가하기 쉬운데, 이는 인간이 누려야 할 다섯 가지 복 중에 하나만 보고 판단하는 오류이다.

이 세상에 온 목적, 자신의 영靈을 진화시키기 위해서는 심성을 닦는 것이 으뜸이라 하였는데, 이는 두루 베풀어 덕德을 쌓아야 하고, 고통을 참아내는 인내가 있어야 하는가 하면, 집착과 애착을 버려야 한다고 하였다. 참지 못하는 데서 죄를 짓게 되고, 집착과 애착으로 잘못되기 쉽다. 바른 마음이 중요하다. 신神은 그 사람의 교리를 보지 않고 심성을 본다 하였다. 그러니 교회나 절을 다니며 신앙을 갖는 것도 방법이 될 수도 있겠지만, 그보다도 마음을 닦는 게 우선순위인 것 같다.

내가 힘들고 어려울 때가 바로 죄업을 갚는 때이고 내가 즐겁고 기쁠 때가 바로 자신의 복을 쓰는 때라고 한다. 업을 갚으면 갚은 만큼 편안해지고 복이 줄면 그만큼 어려워지는 것이니 힘들다고 원망할 것도 없고, 즐겁다고 마냥 좋아할 것만도 아니다. 그런데 요즘 사람들 중에는 향락만 추구하다가 복을 다 쓰고 어려워지면 너무 쉽게 삶을 포기하는 이들도 있는데, 이리 되면 다음 생에서 이자까지 더해져서 큰 고통이 가해진다는데 그는 감당하기가 매우 힘들 것이다. 그러니 내 인생은 내 자신이 참고 견뎌야 한다.

늘 바르게 살기를 생각하지 않으면, 마음이 엇나가기 쉽다. 이는 지팡이를 잃은 장님의 삶과 같아서 인간의 진귀함을 깨닫지 못하고, 깨닫지 못하면 변하지 않으며, 변하지 않으면 바뀌지 않고, 바뀌지 않고는 개운될 수 없다. 머리로 깨닫는 것은 재치이고, 가슴으로 깨닫는 건 지혜다. 지혜로운 삶을 살아야 한다.

어떤 이가 사람은 동물과 신의 중간이라고 했다던가. 참으로 적절한 표현이다. 마음을 어떻게 쓰느냐에 따라 동물적인 인간이 되기도 하고 신적인 사람이 되기도 한다. 그런데 요즘 일부 사람들은 점점 포악하고 잔인해져서 짐승보다 전혀 나을 게 없는 사람들도 적지 않다. 그런가 하면 지진, 장마, 화재 등 자연재해도 더욱 거칠어져 아예 흉폭해지고 있다. 사람도 자연도 상식을 넘어 대형사고만 터뜨린다. 그럼에도 사람만이 할 수 있는 참다운 미덕도 없지 않다. 사실 신神이 할 수 없는 일, 사람만이 할 수 있는 일이 있다. 선행으로 덕을 쌓는 것이다〔신은 육신, 즉 몸이 없어서 한계가 있음〕.

나뭇잎이 떨어지면 뿌리로 돌아오듯, 두루 베풀어 넉넉히 덕을 쌓으면 살아생전에 복이 되기도 하고, 사후에 복이 되기도 하며, 그 복이 후손에게 이어지기도 한다. 어렵게 태어난 진귀한 몸이니 베풀며 옳게 살아보자. 내가 번 돈 내가 써도 지나치면 흠이 된다.

 어느 스님의 시

때로는 채우시게,

    욕망이 들어올 수 없도록

때로는 비우시게,

    덕망이 자리할 수 있도록.

덕 쌓기 어려운데
원한일랑 맺지 말자

왜 하는 일이 막히고 몸에 병이 생기며 마음이 시달림을 받는 가? 이 모든 것이 원한에서 비롯된다면 허황되게 들릴지 모르나 민감한 문제여서 깊지 않고 높지 않게 다루려 한다.

남에게 원한을 품게 되면 그게 독설이 되어 본인에게 반드시 돌아온다. 말이 눈에 보이지 않으니까 무관한 듯하지만, 성경에 서도 세상을 말씀으로 창조하셨다고 하였다.

이 방면에 능력 있는 사람이 보면 언어뿐만이 아니라 생각이나 사상도 물질로 바뀌는 것이 보인다고 한다. 설명하면 이런 경우 이다.

때마다 그런 건 아니지만, 어느 수련이의 실제 경험인데, 저만큼서 아는 사람이 오고 있음을 보고 인사를 해야겠다는 생각을 하자 자신의 몸에서 레이저 광선 같은 게 나와서 그를 향해 날아갔고, 그 빛이 그 사람의 몸에 닿는 순간 자기를 쳐다보더라는 것이다. 그리고 그에게서도 한 줄기 빛이 자신을 향해서 오는 것을 보았다면서 '생각이 물질이다'라고 필자에게 한 말이 영 잊혀지지 않고 있다.

그러므로 예수님께서도 마음으로 간음한 자도 이미 죄가 된다고 하셨나 보다. 이럴진대 하물며 상대방에게 독한 마음을 품고 악담을 퍼붓는다면, 그가 대운을 만나지 않은 이상 좋은 일이 생길 수 없다.

원한, 사람끼리는 물론이고 동물에게도 해당된다. 옛 어른들께서 나무도 천 그루를 자르면 살인을 한 것과 똑같은 죄가 된다고 말씀하신 기억이 난다. 또 이런 말이 있다. 천 사람이 원망을 하면 병이 없어도 죽게 된다.

무릇 생명이 있는 것은 귀한 것이다. 자기의 목숨을 지키겠다는 의지도 대단하다. 미물도 죽을 때는 독을 뿜는다지 않는가! 나무도 몇 십년 자라면 그 힘이 만만하지 않은데, 한 번은 필자의 도반이 참나무에서 기氣를 채집해 보려고 손을 펴서 장심혈로 당기는데 끌려오지는 않고 오히려 사람의 기를 빨아 당기는데 그 힘이 생각보다 굉장히 강하더라는 것이다.

이렇듯 나무가 움직이지 못한다 하여 생명이 없는 것이 아니다. 나무나 풀, 꽃과 곡식 등 초목草木은 일원이라 하여 한 가지를 완전히 갖추었고, 물고기, 새, 동물動物 등은 이원이라 하여 두 가지를 모두 이루었으며, 사람은 삼원을 완벽하게 고루 갖추었으니 신神에 접근하여 있는 것이다. 꽃이나 동물에게 좋은 음악을 들려주는 것은 이미 오래 전 일로 전혀 어색하거나 별로 새롭지 않다.

미국에서 이런 일이 있었다고 한다. 거짓말 탐지기를 연구하는 교수가 하루는 무슨 실험을 할까 하고 생각했다. 그의 연구실에는 '우설란' 화분 두 개가 있었는데, 한 학생에게 그 우설란 화분 하나를 다른 화초가 보는 앞에서 잔인하게 짓밟아 뭉개버리도록 하였다. 그런 후 남아 있는 다른 한 개에 전자 필을 연결하고 다섯 명의 학생들을 차례로 들어오게 하였다. 네 명이 들어올 때까지 아무렇지도 않던 것이 마지막에 화분을 짓밟은 그 학생이 들어오자 빠르게 모니터의 전자 필이 그래프를 그리며 움직였는데, 이는 사람들이 생명의 위험이 나타날 때 살려달라고 하는 것과 똑같은 상황을 그려냈다고 한다. 식물에도 이런 사유가 있다니, 그는 크게 놀랐다.

또 한 번은 그가 담배를 피우면서 '이 담뱃불을 저 화초의 잎

에다 대면 어떤 반응을 보일까?' 하고 그냥 생각만 했을 뿐인데 겁이 나서 놀라는 그래프를 그려냈다는 것이다. 그뿐만이 아니었다. 어느 날은 화초에게 물을 준 지가 오래 되어 메말라 있음을 보고 물을 줘야겠다고 생각하자 바로 그의 모니터에는 물도 주기 전에 아주 행복해하고 고마워하는 그런 전자그래프가 그려졌다고 한다. 이런 연구 발표를 볼 때 오히려 식물이 사람보다도 감각이 더 예민할지도 모른다는 것이 몇몇 학자들의 조심스런 중론이다〔『전법륜』 중에서 발췌〕.

나무나 돌과도 이야기를 나누는 사람들이 있는데 이들이 전혀 이상한 게 아니다. 어떤 이는 과일가게 앞을 지나지 못한다는데 그 이유가 황당하다. 과일들이 자기를 보며 사다 먹어 달라고 애원을 한다는 것이다. 그러니 매몰차게 그냥 지나가는 것도, 사가는 것도 한두 번이지 그때마다 그 청을 다 들어 줄 수 없지 않은가? 그래서 차라리 다른 곳으로 돌아서 다니기도 한다는 것이다. 이를 보건대 사람은 물론 동물을 학대하거나 생명을 빼앗는 일은 참으로 신중해야 하지 않겠는가?

불교에서는 살생을 절대 금하고, 육식마저 금한다. 동물들도 억울하게 죽으면 한을 품게 되고, 죽어서 그 영혼이 원한 맺힌 사람에게 가는 경우가 적지 않다고 한다. 그런 것들이 쌓이면 몸에 병이 되든가, 사고가 나든가, 사업이 막히든가, 자식이 속을

썩이든가 아무튼 되는 일이 적다.

사고나 질병은 물론 불행을 조성하는 모든 근본 원인은 자신이 언젠가 뿌린 씨앗의 결과로 나타나서이다. 그래서 종교에서는 사람이든 동물이든 이생이든 전생이든 고의든 과실이든 자신이 지은 업장이어서 이는 반드시 고생으로 갚아야 한다고 하였다.

살생이 나쁜 것은 말할 것도 없고 옛말에 고기를 먹을 때도 자기 집에서 키운 것, 죽을 때에 비명소리를 들은 것, 자기 자신을 위해서 직접 잡은 것은〔예를 들어 사위에게 씨암탉 잡아주는 것이 여기에 속함〕먹지 말라 하였는데 이는 간접살생에 해당된다는 것이다. 정육점에서 사다 먹는 것은 여기에 속하지 않는다.

이 우주에는 누구든 얻으면 반드시 갚아야 하는 법칙이 있다고 한다. 만약에 당신이 누구를 시기하고 구박하고 모함하거나, 뒤에서 흉을 보든가, 그 사람의 단점을 비웃고 놀리든가, 누구를 괴롭혔다면 그 비중에 따라 당신의 복이 그에게 자동적으로 옮겨간다고 한다.

학교에서는 선배가 후배를, 군대에서는 선임이 후임병을 이유 없이, 사소한 재미와 불만으로 괴롭히는 사람들이 있다. 그리하면 이 다음에 사회에 나와서도 일이 꼬이고 막히는 경우가 많이 생기는데 이는 그의 복이 가벼워졌기 때문이다. 선행을 쌓아도 인간은 고생인데 악행을 하면 삶은 무거워지고 복은 가벼워진다.

문제는 우리가 살아가면서 이익을 얻기 위해 남에게 손해를 입히게 되는 수가 있는데, 사회에서는 그걸 잘 할수록 영리하고 똑똑한 사람, 재주 있고 능력 있는 사람으로 인정받고 있으나 원한을 맺지 말아야 한다는 점에서 볼 때 정직하고 신중, 또 신중해야 한다. 도둑질도 있는 집 물건을 훔치면 도적이고, 없는 집 물건을 훔치면 살인이라고 하였다.

돌아가신 자신의 조상과도 원한을 맺는 수가 있는데, 능력으로 보는 필자의 도반이 당부하기를 제사를 꼬박꼬박 잘 지내도 정성이 부족하면 그렇다 한다.

실질적인 예로, 제사 지낼 음식을 살 때에 그 조상께 드린다는 맘으로 사야지, 사는 사람이 속마음으로라도 남편이 잘 먹는 고기, 딸이 좋아하는 과일, 아들이 즐기는 생선 등 이런 생각을 갖고 샀다면 그 물건은 제사도 지내기 전에 이미 살 때부터 주인이 정해진 것이 되므로 제사를 지내더라도 흠양을 못한다는 것이다. 그래서 예로부터 냉수 한 그릇이라도 정성을 다하면 된다고 했지, 여러 가지 많이 차려야 한다는 말은 듣지 못하였다. 그러므로 이 문제도 아주 중요하다. 조상님들께도 섭섭한 마음이 쌓여 원한이 되지 않도록 주의해야 한다.

옛말에 복은 받아 나눠 먹고, 죄는 지어 남 못 준다 하였다. 자신이 지은 업보는 어떤 방법으로든지 반드시 본인에게 돌아온다〔마음의 병이 되도록 하기 위하여 가까운 친인척에게 전가되는 수도 있음〕.

원한, 이것은 눈에 보이지 않는 것이기에 더욱 어렵다.

세간에서 말하기를, 죄를 지으면 자신이 죽은 후에 벌을 받게 되든지 후손에게 전가된다고 한다. 그러나 요즘은 스피드시대라서 자신의 죄는 자신이 살았을 때에 그 본인이나 그의 자식이 직접 감당해야 하는 경우가 많다고 귀띔해주는 친구도 있는데, 이유가 타당하다고 본다.

지은 죄 중에는 생존시에 갚아야 빚도 있고, 사후에 받아야 할 벌도 있겠지만 사람이든 동물이든 식물이든 당신으로 인해 억울함이 생기지 않았으면 참 좋겠다.

이기기 위해서는 힘이, 지기 위해서는 용기가 필요한 법인데, 이길 수 있는 힘이 있음에도 져주는 용기가 있는 사람이야말로 참으로 지혜로운 사람이다.

이기는 것만이 능사가 아니다. 당신에게 진 사람은 당신을 원망하게 된다. 그러므로 열심히 싸워 이긴다는 건, 열심히 자신의 적을 만드는 것이나 다름없다. 그러면 적이 당신을 위해서 해줄 게 무엇인가? 원망 말고 아무것도 없다. 눈에 보이지는 않으나 원망하는 기운은 당신의 앞길을 막는다. 그러므로 복이 줄어든다.

자신의 인격을 높여야 한다. 흔히 하는 말로 싸우는 사람은 똑같은 사람이라는 말이 있다. 우리 주변에 서로 다투는 사람을 보면 부부끼리거나 이웃 간이거나 친구사이거나 형제자매간이다. 또 같은 업종 종사자이거나 정치인도 꼭 싸우며 정치를 한다. 그런가 하면 학자들 간에도 알력다툼이 있다. 아마도 황우석 박사가 이런 예가 될지 필자는 잘 모르겠다. 심지어는 같은 수준이라고 거지들끼리도 밥그릇 다툼을 하고 지하철에 노숙자도 자리다툼을 한다. 이처럼 싸우는 사람들끼리는 수준이 서로 딱 들어맞는다. 당신은 사오십대 어른과 대여섯살 어린이가 서로 욕하며 치고받고 싸우는 모습을 본 적이 있는가? 없다. 이는 서로간의 차이가 나기 때문이다. 그러므로 당신도 마음의 그릇을 키우면 모든 것을 받아들일 수 있게 된다. 그리 되었을 때 작은 그릇의 사람들이 차츰 불쌍해 보이는 자비심이 생기는데 그러면 당신은 이미 그만큼 수련된 것이고 그만큼 운명도 바뀌어 그만큼 좋은 삶을 살 수 있는 반열에 든 것이라 보면 된다.

덕 쌓기도 어려운데 원한을 맺는다면 되겠는가?

모르고 한 죄와 알면서도 저지른 죄 중에 어느 것이 더 중重한가? 속세에서는 빤히 알면서도 지은 죄가 더 무겁지만 하늘에서 보면 모르고 지은 죄가 더 중하다 하였다. 이는 잘못한 자체도 모르면 죄가 더 크니, 이를 불교에서 말하는 '치암중죄痴暗重罪'라 하면 적당한 표현인지 모르겠다.

생각을 바꾸면 상대를 이해하게 된다

    집에서 미우는 고양이를 미워하면 쥐를 잡아다가 잠잘 대 머리맡에 놓기도 하고 신발 속에 넣기도 하는데, 필자도 이게 미워하는 사람을 고양이가 골려주려는 것으로 알았고, 그래서 더욱 미워 곁을 주기 싫어했다. 그러던 차에 어느 스님의 글에, 자신도 그런 경험이 있었는데, 한 번은 고양이가 쥐를 세 마리나 신발 속에 넣어 놓아서 더욱 얄미웠다. 그런데 입장을 바꿔서 생각해 보니까 고양이가 제일 좋아하는 게 쥐인데 그걸 선물로 주면서 친해보자고 그러는 것이 아닌가(?) 이렇게 생각하니 오히려 더욱 다정스럽고 친근감이 가더라는 얘기다.

    이렇듯 남을 탓하지 않고 원한을 갖지 않는 방법은 자신의 생각을 바꾸는 게 가장 빠른 처방이다.

# 심신이 건강해야
# 운이 좋아 복이 온다

몸이 건강한 것도 오복 중에 하나라고 서두에서 말한 바 있다.

심하게 앓아 죽음을 넘나들며 사경을 헤매본 경험이 있던가.
나이를 먹어 몸이 늙고 아주 쇠약해지면 그제야 내 몸 건강한 게
으뜸이라고 하나같이 입을 모은다. 젊은 사람, 건강한 사람들은
돈이 최고라 하겠지만……

한의학에선 건강을 지키는 방법으로 삼보三補를 말한다. 첫째
동보動補라 하여 운동이며, 둘째 식보食補라 하여 음식을 골고루
때맞춰 잘 먹는 것이고, 마지막으로 셋째가 약보藥補이니 약이
맨 나중이다.

몸이 건강하지 않으면 다른 좋지 못한 일도 발생하게 되는데, 이는 내 몸의 주인인 원신元神〔또는 본신本神이라고 함〕이 나약하므로 잡귀들에게 얕잡아 보여 나쁜 기운인 음기들이 만만하게 보며 떠나지 않고 주위에 남아 있게 되므로 그런 일들이 생기게 된다.

간단한 예로, 감기 몸살로 심하게 며칠 앓고 있으면 기가 허해지게 마련인데, 이리 되면 좋지 않은 꿈을 계속해서 꾸게 되든가 아니면 비몽사몽간에 이상한 경험이나 얼핏얼핏 헛것이 보이는 등 환청이나 환각들로 꺼림칙한 느낌을 겪게 되는 수가 허다하다. 사람마다 몸이 약해짐에 따라 신경이 더욱 예민해지는데 건강한 사람이 보면 아무것도 아니다. 빨래를 널어놓은 것을 보며 흠칫 놀란다든지, 무슨 그림자를 보고 놀라기도 하며, 벽에 무늬가 있는 그림을 보고 헛것으로 착각하기도 한다.

꽤 오래된 얘긴데, 필자의 동생이 병원에 며칠 입원한 적이 있었다. 하루는 누워 있다가 별안간 벌떡 일어나서 "형, 저 사람들이 우리 산의 나무를 다 베어가고 있어." 하는가 하면, 갑자기 깔깔대고 웃으며 "저거 봐, 천정에서 쥐들이 자빠져서 다니잖아." 하기도 하였다. 입원하기 전, 집에서는 전혀 없던 일이었다. 입원실이 좋지 않은 것 같아 다른 방으로 바꿔달라고 여러 차례 부탁하여 병실을 옮기자 그런 증상이 금방 없어졌다. 상황이 이상

하여 간호사에게 은밀히 물어보았다. 그 병원은 당시 조그만 시골 병원이었는데, 며칠 전 그 방에서 산모가 아기를 낳다가 죽었다는 것이다.

이렇듯 몸이 허약하면 다른 사람에겐 괜찮지만 심신이 약한 사람들은 여러 가지로 꽤나 시달림을 겪는다. 이런 경우 사업이 잘 되고 좋은 일이 생기길 기대할 수 없다.

건강과 운運은 아무런 관계가 없는 것 같지만 여러 가지 좋지 못한 일들을 불러들이게 된다. 다시 예를 들면, 몸이 건강하여 양陽의 기운이 강하면 음陰기들이 접근하지 못하고 오히려 도망가게 되는데, 이것은 태권도나 씨름, 유도선수들을 만나면 껄렁한 동네 뒷골목 패들이 슬금슬금 피하는 것과 같다.

힘은 다른 말로 체력이다. 엄밀히 따져 기운과는 같지 않다. 힘[力]이 세다고 하여 기氣가 강한 것은 아니다. 오히려 조직의 두목은 체격이 왜소하고 날렵하며 강한 모습이 많다. 속된 말로 깡다구가 제일이지, 덩치가 큰놈이 아니다. 힘이 장사라 하더라도 겁이 많아서 으슥한 곳에 가면 무서워하고 꺼려한다면 이는 힘만 세고, 기는 허한 사람이다. 그러나 힘이 세면 기氣도 따라서 어느 정도는 강해진다. 더 중요한 것은 힘이 세고 기가 강해도 기운이 맑고 청해야지, 기가 탁하면 탁할수록 오히려 나쁜 일이 더 발생한다. 탁한 기운은 음기들이 좋아하기에 찾아와서 모여 있기 때문이다.

사람들도 선행을 하는 사람들은 봉사단체에 들고, 등산을 좋아하면 산악회에 가입하고, 도박을 좋아하면 노름꾼끼리 어울린다. 그래서 그런지 싸움을 좋아하는 사람은 늘 싸울 일이 생긴다. 없으면 주위에 붙어 있던 음기들이 일거리를 만들어 놓는가 보다.

그러면 맑고 청아한 기운은 어디서 오는 걸까? 그것은 우주에 가득하다. 늘 나쁜 생각 좋지 못한 마음을 갖고 있으면 음탁陰濁한 기운이 모여들고, 정직하고 바른 생각으로 생활하면 맑고 청한 기가 쌓인다. 그러므로 언제나 바른 생각, 옳은 행동을 해야 한다. 자신이 생각하고 원하는 대로 기도, 몸도 따라온다. 그래서 의사들 중에는 환자에게 중병이 있어도 숨기는 사례를 볼 수 있다. 이는 희망을 주기 위해서인데 절망하는 마음보다야 낫지 않겠는가!

물론 누구나 타고난 자기의 운명에서 크게 벗어날 수는 없다. 전생에 지어놓은 업보대로 살아가는 것인데, 노력해서 다 바뀐다면 그걸 신이 허락하겠는가! 그렇지만 열심히 노력하면 점수를 더 받는다. 교도소에서도 모범수로 감형되는 게 있는 것처럼 노력은 변화를 가져올 수 있다. 그런가 하면 노력해도 안 되는 게 분명히 있다. 그렇지 않으면 세상에 가난하게 살 사람이 어디 있겠는가!

못 사는 사람들을 보면 그 이유가 있다. 거의 매일 술에 취해 있는 사람도 있고, 도박이나 도색에 빠진 사람도 있으며 건강상태가 안 좋은 사람이 있는가 하면 심지어 어떤 이는 어쩌다 취직을 하면 몇 달도 못 견디는데 그럴 때마다 꼭 누구를 탓하며 그만둔다. 자기는 가장 올바르고 정의로운 사람인 듯 말하지만 이는 대인관계가 부족한 사람이다. 좀 더 심하게 말하면 그는 그 사람 밑에 있을 복도 없는 사람이다. 어쨌든 이런저런 악습들로 고생을 겪고 있다. 더 예를 들어보자.

가령, 당신은 직장에서 일을 아주 잘한다. 무엇이든 다 잘해서 계장이나 과장, 아니 전무나 사장을 시켜도 잘하겠다며 동료들은 당신의 능력을 인정한다. 당신도 그럴 자신이 있다.

그런데 어느 날, 회사에 출근해 보니 진급자를 발표했는데 당신은 빠져 있고, 누가 봐도 일을 잘 못하는 동료가 오히려 당신의 상사로 진급해 있다. 이게 어찌된 일인가. 참을 수가 없다. 당장 사표를 내야겠다. 당신은 물론 당신의 동료들도 이 일을 이해할 수 없다고 한다.

우리 사회에서는 누가 봐도 이 일이 잘못된 일이라 할 것이다. 그러나 그게 아니다. 그 사람의 운명에는 그런 복이 있고, 당신의 운명에는 그런 복이 없기 때문이다〔『전법륜』 중에서〕.

이는 꼭 맞는 말이다. 필자가 사주를 상담하면서 이와 비슷한 경험을 겪은 사람들을 적지 않게 보았다. 살다 보면 이처럼 이해 하지 못할 일도 생기는데, 이게 다 전생의 업보다. 가죽보다 더 질긴 게 운명이다. 그런데도 그때마다 마음이 괴로워 고통스러 워한다면 몸도, 마음도 병들어 망가지고 만다. 그렇게 살다 보면 나중에 늙어서는 여러 가지 병이 몸 안팎으로 가득하여 안 아픈 데가 없이 모두 병이다. 그야말로 산송장인 것이다. 그래서 이해 하는 마음이 필요하고, 깨닫는 지혜가 중요한 것이다.

요즘 환자들의 병은 70~80%가 심인성질환이라고 한다. 즉, 마음에서 생긴 병이라는 뜻이다. 하루 종일 걱정하고 근심한 것 이 백 개라면 그중에 아흔여섯 개는 안 해도 될 것이라고 한다. 다시 말해서 하루 종일 한 근심 걱정 중에 96%는 신경을 써도 안 되는 것이고, 될 일은 신경 안 쓰고 가만히 있어도 이루어진 다. 그러므로 괜한 근심으로 너무 신경을 쓰지 않는 게 건강에도 좋은 것이다. "걱정을 해서 걱정이 없어진다면 걱정이 없겠네."라 는 아프리카 속담이 있다고 한다. 근심 걱정! 이건 주위 사람들 까지도 정말 피곤하게 한다.

아무리 억울한 일도 그날 풀어야 한다. 그러지 못하고 답답함 이나 근심걱정을 가슴에 담고서 잠이 들면 몸속에서 반드시 병 을 만드는 것이다.

좋은 잠을 자려면 잠들기 전에 즐거운 상상을 하면 편안한 수면 상태가 될 확률이 더 많다. 그러면 여러 가지로 이로운 점이 많다고 하였다.

　사실 우리 인간은 억울한 일을 당하고도 맘이 편할 수는 없다. 만약 누가 그럴 수 있다면 그는 신의 경지이고 부처의 마음이다. 우리는 속인이기에 이를 참기가 너무나도 고통스럽다.

　이런 말이 있다. 당신에게 신체적으로 고통을 주거나 정신적으로 시달림을 주는 사람이 있다면 그가 누구든 그 사람이 바로 당신의 업장을 녹여 없애주기 위해 당신 곁에 온 사람이다. 그러니 고마워해야 한다. 그러나 당신은 오히려 가진 악담을 퍼부으면서 억울해한다. 그는 당신에게 정신적이든 육체적이든 물질적이든 참지 못할 만큼 큰 고통을 가해 주었기 때문이다. 그러나 당신은 이 이치를 모르기에 그에게 욕을 하며 분풀이를 한 만큼 줄었던 업장이 또다시 쌓이게 된다는 것이다. 참았다면 업장 소멸이 되었을 텐데 말이다. 그래서 지는 게 이기는 것이라고 했나 보다.

　세상을 살면서 도인처럼 초연할 수는 없을 것이다. 어느 시인이 다정도 병이라 했던가? 사랑하는 사람, 좋아하는 음식, 갖고 싶은 물건, 이런 것들에게 너무 집착하면 그것도 다 욕심이어서 병이 된다. 더구나 싫어하는 것들이 있거나 미워하는 사람이 있다면 이는 빨리 치료해야 할 큰 병이다.

부부 중에도 남편이 아내를 윽박질러서 가슴을 졸이고 늘 불안 초조하게 사는 아내가 있다면, 그 남편은 나중에 늙어서 아내에게 고통을 준만큼 아내의 병 수발을 들어야 한다. 아니면 자신이 몹쓸 병을 얻어 아내에게 그만큼 구박을 받으며 살 수도 있다. 그렇지 않으면 다음 생에서 반대로 태어나 갚아야 한다.

어떤 이유로든 남편이 아내의 병을 만드는 사람도 있고, 또한 아내가 남편의 병을 키우는 가정도 있다.

마음을 편히 하는 게 몸을 건강히 하는 것이며, 몸이 건강하면 따라서 정신력이 강해진다. 그래야 음습한 잡귀가 모이지 않는다는 점 잊지 마시라! 집은 가족들의 얼굴을 만들어 내는 곳이다. 그러므로 화목하게 웃는 가정을 만드는 일, 그게 가족들의 운명을 좋게 만들어 가는 비결이다.

바른 마음, 참는 마음, 비울 수 있는 마음, 주는 마음을 언제나 가까이 하여 덕망이 떠나지 못하게 할 수만 있다면 이보다 좋을 수 없다. 노력은 하되, 과욕과 허욕은 멀리하면서 건강에 소홀하지 말아야 한다. 당신이 건강을 지키지 못해 기가 많이 허해지면 음기가 당신에게 침입하는데 크게는 빙의가 되고 작게는 재수가 없다.

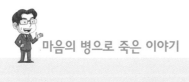 마음의 병으로 죽은 이야기

강원도 영월 어느 산 속 마을에서 한참 떨어진 곳에 외딴집이 있었는데, 그 집의 총각이 밤만 되면 친구들을 찾아서 마을로 놀러 왔다. 장난삼아 무서운 이야기를 들려줘도 다음날 그는 또 싱글벙글 웃으며 친구들 앞에 나타났던 것이다.

이 짓궂은 친구들이 하루는 그의 신발 뒤꿈치에다 몰래 명주실을 두어 발 정도 매고, 또 다른 한쪽 실 끝에는 솔방울을 묶어 놓았다 한다. 그리고 그날 귀신 이야기를 실감나게 꾸며 들려주었다. 그렇게 밤이 이슥하도록 놀다가 돌아가는데 뒤에서 이상한 소리가 들렸다. 빨리 걸으면 빨리 따라오고, 천천히 걸어오면 역시 천천히 따라오고, 걸음을 멈추면 소리도 멈췄다. 또한 뒤에서 무엇이 잡아당기는 느낌도 확실했다. 솔방울이 뒤에서 끌려오니 그럴 수밖에…….

이는 친구들이 들려주던 귀신 이야기와 꼭 맞았다. 그는 겁에 질려 정신없이 집까지 뛰어와서는 그 길로 병이 되어 몸져누웠고, 그 소식을 전해들은 친구들이 찾아와서 아무리 사실을 얘기해도 통 믿지 않았다. 그게 병이 되어 끝내 죽고 말았다니, 마음의 병이 이렇게 무서운 것이다.

# Chapter 7 주술 행위 잘못하면 잡귀 불러 모으는 꼴

신神을 너무 가까이하지도, 너무 멀리하지도 마라! 이는 운명을 새롭게 개척하고 좋게 만들어 가야 하는 우리가 꼭 알아야 할 일이고, 반드시 지켜야 할 것이다. 다시 설명하자면, 귀신鬼神들이 좋아하는 일을 너무 자주 해도 안 되고, 그들이 바라고 원하는 일을 아주 무시해 버려도 곤란한 일이 발생할 수 있다.

여기서 귀신 이야기 좀 하고 가자. 귀신鬼神이란 단어는 복합어로서 귀鬼는 잡귀, 마구니 같은 좋지 못한 것을 뜻하고, 신神은 이보다 격이 높은 것으로 길吉한 것이다. 따라서 鬼는 살아생전 죄가 많아 하늘나라로 가지 못했거나, 아직 죽을 때가 아닌데

비명횡사로 갑자기 죽은 영혼들이 자신이 죽은 걸 알지 못해서 또는 돌아갈 때가 아직 안 돼서 승천하지 못하고 배회하는 경우가 대부분이라고 한다. 반대로 神은 선행을 베풀고 덕을 쌓았거나 나라를 위해서 공을 세운 사람, 수행으로 심신을 닦은 사람들이 신의 반열에 있는데, 그 층차는 우리 인간 세계보다도 많다는 것이다. 쉽게 생각하여 산신山神만 해도 얼마나 많겠는가? 크고 작은 산마다 모두 있다니 말이다. 산신도 큰 공을 세우면 큰 산신이 되고, 공이 적으면 작은 산의 주인이 된다고 한다. 글쎄, 작은 동산의 산신은 사람으로 치면 동사무소 말단 직원 수준이 아닐는지.

애기를 되돌려서 아무튼 사람과 귀신의 관계는 참으로 미묘하다. 그로 인해 얻는 것도 잃는 것도 많은데, 이를 알기가 아주 난해하기 때문이다. 따라서 미신이라 하면서 멀리 하지 않았으면 좋겠고, 그렇다고 너무 유난스럽게 주술 행위를 자주하는 것도 바람직하지 못하다. 그러나 보답은 반드시 돌아온다. 솔직히 말해서 鬼는 보답을 하는지 모르겠고, 神은 절대로 그냥 있지 않는다. 신의 세계에서는 공짜가 있을 수 없기 때문이다. 받은 만큼 아니 그 이상 반드시 돌아오는 게 있음을 보장한다.

이런 예도 있었다. 필자의 동네에 오래된 지하 다방이 있다. 건물 자체가 오래되어 겉은 구질구질하고, 입구는 우중충하다.

게다가 전기를 아끼려고 홀 안도 어두컴컴한데 이런 곳은 반드시 음기가 발생한다. 왜냐하면, 鬼들이 좋아하는 곳이기에 그러하다. 그것들은 음기로 찬[冷] 기운이고, 사람은 양기로 따뜻한 기운인데, 손님이 들어서는 순간 서먹한 느낌이 든다. 서로 기파氣波가 맞지 않기 때문이다.

문득 누가 앞에 서 있는 듯하기도 하고, 그림자 같은 게 어른대기도 한다. 그런가 하면 뒤에서 누가 따라오는 느낌도 있을 수 있다. 그러니 손님이 점점 줄었다. 그러자 다방 주인은 막걸리를 입구에다 뿌려대기 시작했다. 과연 그런 날은 장사가 더 잘 됐는지는 알 수 없으나 그 횟수가 점점 많아졌고, 어느 날은 하루에도 조석으로 그리 하였다. 보기에도 좋지 않았고, 입구에는 언제나 술 냄새가 배어 있었다.

이런 일도 풀이하자면 이러하다. 집안에 거지들이 들어와 들끓고 있으니 나가서 먹으라고 대문 밖에다 밥상을 차려주는 꼴이다. 대문 밖에 있으니 아무나 와서 먹으라는 것과 같고, 그 문간 앞에는 점점 더 걸인들로 북새통을 이룬다. 지나가던 것까지 모여들기 때문이다.

뿌려지는 막걸리를 걸귀들이 고맙게 먹었는지 어떤지는 모르지만, 분명한 것은 그 장소에서 떠나지 않고 계속 있을 가능성이 높다고 봐야 한다. 왜냐하면 수시로 막걸리를 주기 때문이다.

이리 되면 누가 어떤 사업을 하든지 잘 될 가능성이 아주 희박하다. 어떤 일이 생길 수 있는가? 장사가 안 되는 건 물론이고 예기치 않았던 사고가 발생하고, 생각지 않았던 일이 막히고, 우환이 수시로 생긴다. 만약에 당신이 이런 이상한 일들로 사업이 안 된다면, 그 방면에 능력 있는 믿을 만한 사람에게 의뢰하여 한 번쯤은 주술 행위를 해보는 것도 운명을 개척함에 있어 한 방법이 될 수도 있다.

어떻게 알아내는가? 홀로 있을 때에 그 장소에서 불을 모두 끄고 어둡게 한 후 그 느낌을 본다든지, 하루나 이틀 정도 혼자서 잠을 자보면, 둔한 사람이라면 모를까, 그 느낌을 알 수 있다.

다시 당부하건대 주관이 뚜렷하고, 몸이 건강하며, 올바른 정신 철학을 갖고 활기차게 생활해야 한다. 그리고 환경을 밝게 바꿔야 한다. 나약하고 그릇된 틈, 어둡고 칙칙한 곳으로 사악한 기운이 들어온다. 신념이 확고하면 절대로 들어올 틈이 없다. 그러나 고의든 실수든, 이생이든 전생이든 당신과 인연관계로 맺힌 게 당신을 찾아왔다면 그 영혼은 쉽게 떠나지 않는다. 사람에 비유하자면 빌리러왔거나 혹은 얻으러 온 사람의 경우, 상황이 아니다 싶으면 그냥 가겠지만, 그게 빚쟁이라면 쉽게 물러나겠는가? 어떤 이유로든, 당신에게 맺힌 게 있다면, 풀어야 풀린다.

십수 년 전, 수련하는 벗과 천마산으로 운동 삼아 봄나물을 캐러간 적이 있었다. 조선시대 의적 임꺽정이 천마산 아래 양주 땅에서⋯⋯, 하고 시작되는 곳, 지금은 남양주시가 되었다. 거기서 그 친구에게 들은 얘기다. "이 천마산 산신령도 한 성질 합디다" 하며 들려준 이야기는 대충 이러하다.

몇 해 전에 이 산으로 약초를 캐러 왔었는데, 있을 만한 곳을 다 찾아 온 산을 헤매도 찾는 약초가 없더라는 것이다. 산세가 험해서 힘도 들고, 헛걸음에 화도 나고 하여 산신령에게 그냥 입에서 나오는 대로 "산신령이 산에다 약초도 못 키우고⋯⋯" 하며 몇 마디 욕을 했다 한다. 그러면서 몇 발짝 걸었을까? 갑자기 머리끝이 쫘악 뻗치며 찬 기운이 돌더니 금방 몸이 움직이지 않더라는 것이다. 발이 땅에 붙어서 아무리 움직이려 해도 꼼짝도 하지 않더란다. 경도 외우고 산신령에게 잘못을 빌고 나서야 괜찮아졌다는, 믿기 어려운 경험을 믿을 만한 친구가 들려줬다.

누구나 산에 가서 산신령을 욕하면 그리 될까? 아마도 필자의 생각으로 그가 수련하는 사람이기에 그랬을 것 같다. 수련을 잘 하라는 뜻도 있을 거고, 또 수련한 사람은 기(氣)가 맑고 강해서 영계와 교신이 빠르기 때문이 아닌가 싶다.

# 베풀며 사는 것이
# 내 복 내가 만드는 일

어떤 것이 복福 짓는 일인가? 하는 물음에 한 마디로 답하기 어렵다. 그럼 당신은 왜 복을 지어야 하는가?

자신이 쌓은 덕德이 복이 되어 다시 돌아오기 때문이다〔조상의 덕이 자신에게 오기도 하고, 자신의 덕이 자손에게 가는 예도 있음〕. 그렇지 않고서는 부귀영화를 누리는 사람들과 고독 빈천을 겪는 사람들의 운명 관계를 해명할 방법이 전혀 없다. 어떤 과학적 근거로도 답을 구하지 못한다. 이것은 변할 수 없는 하늘의 섭리요, 불변의 법칙이다.

이생에서 보험 드는 셈치고 부지런히 남을 위하는 일을 해 보라 권하면 대부분 사람들은 그럴만한 여유가 없다고 한다. 이렇듯 흔히 나는 돈이 없다고 생각하기 쉬운데 그게 아니다. 불교에서 세 가지로 압축시켜 알기 쉽게 정리한 것이 있어 참고삼아 여기에 소개한다.

사실 재물로 남을 돕겠다는 것은 가장 쉬운 것이며 가장 편하고, 가장 무난하며 보편적인 방법이다. 돈 있고 마음만 있으면 누구나 당장이라도 실천할 수 있는 것이기 때문이다. 그래서 여러 가지 근심걱정 중에 가난이 가장 쉽다고 하였다. 돈만 있으면 바로 모든 게 다 해결되기 때문이다.

각설하고, 세 가지 방법 중에 그 하나가 재물로 돕는 것이다. 그러나 사실이지 이것도 말처럼 쉽지 않다. '돈이 얼마만큼 있으면 나도 남을 위해 쓰겠다. 그만큼 있으면 누군 못하겠냐?' 하고 말은 쉽게 하지만 막상 그만한 재산이 생기면 언제 그랬느냐 싶게 마음이 변하는 게 또 사람 마음이다. 아무튼 재물로 어려운 사람을 도울 수 있다면 이는 좋은 일에 속한다. 아프리카 속담에 '빨리 가려면 혼자 가고, 멀리 가려면 함께 가라'는 말이 있다. 서둘러 급하게 살지 말고 서로 도우며 함께 가는 사람들이 많은 사회가 되었으면 한다.

두 번째는 몸으로 어려운 사람을 찾아가 도와주는 것이다. 한때는 대학가에서 농어촌 봉사가 주류를 이뤘으나, 요즘은 다방면으로 폭넓게 발전하고 있다. 대학교에는 유사한 학과가 있기도 하다. 어쨌든 좋은 일이고 반길 일이다. 그런데 이렇게 봉사하는 사람들의 말을 들어보면 자기 자신에게 더 좋다고 한다. 자신보다 부족한 이들에게 베풀 수 있는 것이 행복이란 걸 깨닫게 됐다는 얘기다. 어쨌든 어려운 사람을 찾아가서 땀 흘려 궂은 일을 도와주는 것, 이게 돈을 갖고 하는 것보다는 더 어려운 게 사실이다. 그러니 이 일이 어찌 복이 되지 않겠는가!

마지막으로 세 번째가 마음으로 하는, 즉 말로 하는 덕행德行이다. 돈도 들지 않고, 힘도 들지 않으니 이거야말로 쉬울 거 같지만 천만의 말씀이다. 마음공부가 부족해 심성이 높지 않으면 절대로 할 수 없다. 남의 기쁨을 내 기쁨으로 진정 축하해 줄 수 있는 사람이 되기 어렵다는 얘기다. 오죽하면 사촌이 땅을 사면 배가 아프다고 했을까? 배고픈 것은 참아도, 배 아픈 것은 못 참는다는 말도 있다. 그러니 진심으로 축하해 주기가 결코 말처럼 쉽지 않은 일이다. 불경 중에 『천수경』이 있는데, 정구업진언淨口業眞言 하면서 독경을 시작한다. 입으로 지은 죄업을 깨끗이 하는 진언이라는 것이다. 이처럼 입으로 죄를 짓는 경우가 알게 모르게 제일 많은가 보다.

사람들 중에는 자신이 잘 되는 것보다 남이 못 되는 것을 더 좋아하는 이들이 있다. 자기가 싫어하는 사람, 나의 경쟁자가 잘

못됐을 때는 아주 좋아한다. 이런 심성은 학생 때부터 나타나고 키워지는데, 자기가 100점이면 "야! 백점이다." 하고 말지만, 라이벌 의식을 느껴오던 친구가 50점이라면 아주 신이 나서 "그것도 몰랐냐, 난 100점인데? 야, 누구누구는 50점이다!" 하면서 승리감에 기고만장이다.

이런 상대적 경쟁 사회 속에서 성장한 우리가 남의 기쁨에 진심으로 축하해 줄 수 있다면 이거야말로 복 짓는 일의 극치다. 마음을 천사같이 예쁘게 바꿔야 이게 가능하다.

만약에 당신이 모든 일이 안정되고 만족한 때가 되면 그때 가서 나도 남을 위한 일을 좀 하겠다는 생각을 하고 있다면 착각이다. 인간은 절대로 그럴 수가 없다. 당신이 가정적으로 근심이 전혀 없고, 육체적으로 아무 병도 없고, 재정적으로 부족함이 없이 풍족하게 살며, 원하는 것을 다 이루고 바라는 것을 모두 가질 수 있다면 그게 어디 속세의 인간이란 말인가? 아마 그런 삶이 있다면 신선들도 앞을 다투어 올 것이다.

나누는 기쁨은 겪어본 사람만이 느끼는 또 하나의 행복이다. 아무리 큰 부자라도 학교 운동장만 한 방에서 테니스장만 한 이불 덮고, 쌀가마니만 한 베개를 베고서 자는 게 아니지 않는가? 침대 하나면 족하다. 돼지가 살이 찌면 생명이 위험하다고 했다. 욕심이 극에 달하면 하늘이 징벌한다. 누구나 갈 때는 빈손이다.

베풀고 가는 것이 가지고 가는 것이다. 또한 사는 게 힘들고 궁핍하다 보면 많이 가진 자들을 탓하기도 하는데, 가난이 죄가 아니듯 부자들도 비난의 대상이 아니다. 그들도 지은 복을 받아 그렇게 누리고 있는 것이다.

예수님의 말씀대로 뿌린 대로 거두리라. 악惡의 씨를 뿌리면 죄가 되고, 덕德의 씨를 뿌리면 복福이 된다. 부처님의 말씀도 한마디 하자.

"이생에서 복福없음을 탓하지 말고, 전생에서 덕德없었음을 탓하라." 하셨다.

여기서 밝혀둘 것은 복을 받기 위해서 나는 이 일을 해야 한다고 생각하거나 하고 있다는 마음을 가져서는 안 된다는 것이다. 마음속에서 저절로 자연스럽게 되어야 더 좋다는 점이다. 그래서 음덕이 더 큰 것이다. 그럼에도 어떤 사람들은 라면 박스 몇 개 앞에서 사진을 찍고는 그걸 자신의 업적으로 광고를 하기도 한다.

당신이 누구에게 도움을 주었다면 잊는 것이 좋다. 두고두고 생색을 내는 사람도 있는데 바보짓이다. 그러나 도움을 받았다면 잊지 말고 기회가 되면 어떤 방법으로든 빨리 갚아야 한다.

수행 방법 중에 신구의身口意란 말이 있다. 행동으로 나쁜 일을 하지 말아야 하며, 말로도 나쁜 말을 하지 말아야 하고, 더 나아가서는 생각마저도 나쁜 생각은 하지 말아야 한다는 것이다. 그런가 하면 몸으로 좋은 일을 해야 하고, 입으로 좋은 말을 해야 하며, 생각까지도 좋은 생각만 해야 한다고 가르치고 있다.

눈 여겨 두루 선행을 찾아 행하고 입 열어 기쁨을 말하며 나누고 베풀며 사는 것이 스스로 내가, 내 복福을 짓는 일이다. 독자님들이시여, 날마다 福 짓는 날 되소서!!

이렇게 살아서야

한평생 술과 도박으로 가정을 전혀 돌보지 않던 남편이 죽었다. 장례를 치르던 부인이 목사님에게 기도를 부탁했다.

"생전에 고인께서는 어려운 이웃을 내 몸같이 아끼셨고, 자상한 아버지요, 훌륭한 남편으로서……."

이때였다. 이 말을 듣고 있던 아내가 곁에 있던 아들의 옆구리를 쿡쿡 찌르며 이렇게 말했다.

"얘야, 아무래도 저분이 너희 아버지가 아닌 것 같다. 관 뚜껑 좀 열어 보아라."

## Chapter 9 혈연, 지연, 학연보다 궁합이 우선한다

궁합宮合, 하면 남녀 간의 혼인을 연상하지만 꼭 그런 것만도 아니다. 그 당시에는 서로 얼굴을 보지 않고 부모나 친척이 대신 보았으며, 옆집 사람에게 부탁하기도 했다. 그런가 하면 중매쟁이의 말만 믿고 혼인을 하기도 했다. 그러므로 궁합은 그 시대에 꼭 필요한 매개체 역할을 했던 것도 사실이다.

부부 간에 궁합이 잘 맞으면 충돌 없이 서로 다정하게 살아간다. 그러므로 이를 인간만사에 두루 적용하면 이치는 다 같은 것이다.

친구 간에 궁합이 잘 맞으면 의기투합이 순조롭고 둘도 없는 벗이 되어 형제보다 더 정이 두텁다. 가족 간에도 궁합이 맞는 식구끼리는 더 다정하다. 그런가 하면, 종업원이나 부하직원을 채용할 때 사주를 보아 자신과 궁합이 맞는 사람을 쓰면 손발이 잘 맞는다. 특히 동업을 해야 할 경우에는 부부 간의 궁합만큼이나 아주 중요하다. 이를 무시하고 사업을 하면 여러 가지 의견충돌로 언젠가는 반드시 갈라서게 된다.

재미있는 것은 남녀노소를 막론하고 자신과 마음이 잘 맞는 사람과 사주를 대조하면 신기하게도 궁합이 그렇게 좋을 수가 없다. 이는 근거 없는 미신이 아니라 역학자의 눈으로 보면 이유가 타당하다.

궁합보는 방법 중에 한 가지 예를 들면 한 사람은 수水의 계절인 추운 겨울에 태어나서 불이 필요한데, 다른 사람은 화火의 계절인 뜨거운 여름철에 출생하여 물이 필요하다면 이는 서로 간에 필요한 것을 상대가 갖고 있는 것이다. 그러므로 이 두 사람은 만나면 서로가 편안하고 어려움이 풀리니 점점 더 가까워지기 마련이다. 그러니 다툼과 불만이 있을 수 없다. 혹여 의견충돌이 있더라도 자고 나면 끝이다. 그러므로 동성이면 우정이 두텁고, 이성간이면 애정이 쌓인다. 이렇듯 서로 간에 궁합이 조화를 이루면 두 사람 간에는 반드시 부딪침이 적으니 이를 미신이라 여겨 가볍게 보지 말고 적용하기기 바란다.

궁합을 볼 때는 세 곳쯤 찾아가서 상담하는 게 좋다. 세 곳에서 다 좋다면 좋은 것이고, 둘만 좋다 해도 괜찮을 성싶다. 그러나 반대로 한 곳에서는 좋다 하고 두 곳에서는 나쁘다 하면 결론이 신중해야 한다. 감정이나 젊은 혈기로 미신 운운하며 잘못 판단했다가 후회하는 수가 허다하기에 당부하는 것이다.

역서에 이르기를 "타고난 사주팔자를 고칠 수는 없으나 사주가 나쁘다 하여 방법이 없는 게 아니다. 이는 궁합에 맞춰 혼인을 잘하는 방법이 있으니……."라고 궁합의 중요성을 개운 방법 편에 적어 놓았다.

당신이 아직 결혼 전이고 이 책을 읽는 독자라면 행운아다. 또한 자녀를 아직 결혼시키지 않은 부모도 복이 많다. 기회가 있기 때문이다. 궁합이 잘 맞는 배우자를 택하여 좋은 운명을 만드시라! 직원을 채용할 때도 궁합을 맞춘다면 좋을 것이다. 흔히 혈연, 지연, 학연을 선호하는 경우가 있는데, '궁합!' 이건 그보다 더 확실한 결합이다.

참고로 궁합宮合 보는 방법 중 가장 대표적인 합슴으로 보는 법을 소개한다.

子 쥐띠 원숭이, 쥐, 용, 소, 돼지띠와 궁합이 맞는다

丑 소띠 뱀, 닭, 소, 쥐, 돼지띠와 궁합이 맞는다

寅 범띠 범, 말, 개, 돼지, 토끼, 용띠와 궁합이 맞는다

卯 토끼띠 돼지, 토끼, 양, 범, 용, 개띠와 궁합이 맞는다

辰 용띠 원숭이, 쥐, 용, 닭, 범, 토끼띠와 궁합이 맞는다

巳 뱀띠 뱀, 닭, 소, 원숭이, 말, 양띠와 궁합이 맞는다

午 말띠 범, 말, 개, 양, 뱀띠와 궁합이 맞는다

未 양띠 돼지, 토끼, 양, 말, 뱀띠와 궁합이 맞는다

申 원숭이띠 원숭이, 쥐, 용, 뱀, 닭띠와 궁합이 맞는다

酉 닭띠 뱀, 닭, 소, 용, 원숭이, 개띠와 궁합이 맞는다

戌 개띠 범, 말, 개, 원숭이, 닭띠와 궁합이 맞는다

亥 돼지띠 돼지, 토끼, 양, 범, 쥐, 소띠와 궁합이 맞는다

○ 자기가 태어난 년(年)이 쥐띠 해라면 원숭이띠, 쥐띠, 용띠, 소띠, 돼지띠는

나이나 남녀를 따질 것 없이 누구를 만나도 합이 된다(일주가 합되면 더 좋음).

○ 이 방법은 약식이니 더 세밀한 것이 필요하면 전문가와 상담하면 좋을 듯싶다.

# Chapter 10 좋은 집에 살아야 운명도 좋아진다

어느 집이 좋은 집인가?

주위 환경이 깨끗하고 밝아야 좋은 일이 생긴다고 말한 바 있다. 우리가 살기 좋은 집은 밝은 곳, 습기가 없는 곳, 햇빛이 잘 드는 곳, 바람이 거칠지 않은 곳, 전망이 편안한 곳, 이런 곳에 터를 잡아 집을 지어야 한다. 물론 이때도 집의 좌향이나 모양 등을 고려해서 복이 들어오는 집으로 지을 수 있는 여건이면 더 좋을 것이다. 집 모양이 잘못되면 터가 좋아도 흉이 된다. 그러니 만큼 단독주택의 경우 신경을 쓴 만큼 좋은 집이 된다.

건축 재료도 사주에 **목**木이 필요한 사람이라면 통나무 주택이나 나무를 많이 써서 짓고, 주위에 나무를 많이 심으면 좋겠다. **토**土가 부족한 사주라면 집을 지을 때에 황토 집이나 흙을 많이 써서 짓든가, 그럴 여건이 맞지 않는 아파트 같은 경우는 방 하나를 황토방으로 꾸며놓는 것도 지혜일 수 있다. 또한 **금**金이 필요한 사람이라면 돌과 철을 많이 써서 지으면 좋을 것이며, 여유가 있으면 옥돌방을 하나쯤 만들고, 아니면 최소한 돌 침대라도 쓸 수 있다면 좋지 않겠는가! **수**水가 필요한 사주라면 물가 옆에 집을 짓고 어항이나 수족관이 있으면 더 좋을 것이다. **화**火가 필요하다면 양지바른 곳이 좋은 터로서 자신과 맞는 것이다. 이렇듯 사람에 따라 자신에게 맞는 집이 서로 다른 것이다〔청학출판사 『사주학 길잡이』 중에서〕.

중요한 것은 그러면서도 집안은 물론 집 바깥도 어둡고 음습하면 안 된다. 따뜻하고 밝고 화사하게 해야 한다. 현관 입구부터 방안까지 손님을 맞는 날처럼 깨끗이 하면 좋다고 말한 바 있듯이, 그렇게 할 수만 있다면 좋은 일이다. 특히 사람이 드나드는 입구와 동북쪽은 귀방鬼方이므로 더 깨끗하고 밝게 하는 데 힘써야 한다. 또 얘기하지만 지저분한 곳, 어두운 곳에는 절대로 복이 존재하지 않는다. 있던 복도 나가고, 오던 복도 돌아간다는 것을 잊지 마시라. 왜냐하면 이런 장소에는 나쁜 기운들이 모여 있기 때문이다.

사람도 바른 마음으로 좋은 일을 하겠다고 모인 곳과 나쁜 일을 꾸미는 사람들이 만나는 장소는 다른 것이다. 이렇듯 좋은 양기陽氣와 나쁜 음기陰氣는 상극관계이므로 같이 있지 않는다. 그러므로 집에 양기가 잘 돌게 해야 한다. 음기가 서려 있지 못하게 해야 된다는 얘기다.

집 구석구석 모두 신경 써야 하겠지만 특히 화장실은 습기도 많고 어둡고 음침하기 쉬우니 더욱 신경 써서 관리해야 한다. 집이 왠지 서먹하고 찜찜한데다 아이들이 혼자 있기 무섭다고 하면 이는 빨리 조치를 취해야 한다. 어릴수록 영이 맑아 아이들이 어른보다 쉽게 느낀다. 또한 노약자도 기가 허해서 이런 감각이 빠르게 나타난다〔절대적으로 다 그런 것은 아님〕.

예로부터 집의 크기도 사람 수의 비해 너무 크면 흉이 된다고 하였다. 집에 사람의 기운이 배어 있어야지 집 기운에 사람이 눌리면 안 된다. 그래서 새로 집을 지으면 사람들을 불러 모아 집들이란 걸 했다. 사람들의 양기陽氣로 탁기를 제거하는 것으로서 세상을 먼저 살아본 선인들의 절묘한 방법이다. 또한 식구수에 비해 집이 크면 빈방이 생기게 마련인데, 그 방은 불도 꺼두게 된다. 사람이 살지 않으니 그리하기 쉽다. 사람이 있지도 않고, 불마저 밝히지 않으면 나쁜 기운들이 살기에 그야말로 안성맞춤이다. 그래서 옛말에 빈방에 귀신 든다고 하였는데 맞는 말이다.

혹여 빈방이 생길 경우 사람이 사는 것처럼, 아니 그보다 더 마음을 써야 한다. 그런가 하면 종교가 있는 집은 불경이나 찬송음악을 은은하게 켜놓거나, 상징하는 물건을 잘 보이는 위치에 부착하는 것도 방법이 될 수 있다. 귀신은 음체여서 낮보다는 밤에, 오전보다는 오후에 활동을 더 많이 한다고 한다.

집뿐만 아니라 가게 터도 음기가 있는 곳은 손님들이 쉽게 들어가지 않는다. 그러므로 신중히 생각하고 주의 깊게 보지 않으면 안 된다.

새로 사업을 시작하려면 주위 사람들에게 세심히 물어보아 예전에 잘 되던 터인지 알아보면 그 터가 얼마나 센가를 짐작할 수 있지 않겠는가! 같은 건물, 옆 가게라도 똑같지 않은 것이다. 독자님들의 주변에도 가게 하나가 여러 사람 망하게 하는 것을 목격했을 것이다. 간판을 바꿔 달고, 업종을 바꾼다고 잘 된다는 보장이 없다. 혹여 운이 좋은 사람이라면 버틸 수도 있겠지만……. 그 장소에서 부득이 사업을 해야 할 경우, 이럴 때는 주술 행위가 특별조치로 방법이 될 수도 있다.

이렇게 집이든 업소든 정성이 많이 들어가야 들어오면 맘이 편안하고 자고 나면 몸이 가뿐하다. 최고의 복福은 재물이 많은 것도, 벼슬이 높은 것도 아니다.

"복 중의 복은 살면서 우환이 없는 것보다 더한 것이 없고, 이익 중에 이익은 잃지 않는 것보다 나은 것이 없다."고 하였다.

집이 지저분하고 어두우면 잡귀가 모여든다. 이런 것들을 미신이라 여기며 구태여 우환을 자초할 필요는 없다.

# 풍수도 학문이다
# 조상 묘를 점검하라

Chapter
11

조상의 묘를 생각하면 풍수風水란 단어가 떠오르고, 풍수하면 미신의 이미지가 물신 풍기는데, 이 학문도 몇 천년을 이어온 학문이다. 그런데 백년도 못 사는 우리가 이를 미신이라 부정하며 논할 지혜가 있는가? 어불성설이다. 눈에 보이지 않는다고, 아직 과학이 밝혀내지 못한 걸 가지고 그리 결론 내린다면 급한 판단이다. 대학교에도 지리학과에 풍수 과정이 있다. 우리나라 얘기다. 각설하고, 이 학문은 나의 전공이 아니어서 두둔할 실력도 없고 반박할 능력도 없다. 믿고 따를 사람은 실천하면 되는 것이고, 신뢰감이 부족하다 생각되면 그리하시라. 하지만 언젠가는

75
Chapter 11

밝혀질 자연과학이라는 믿음에는 변함이 없다.

풍수는 조상의 묘를 쓰는 음택풍수와 집터를 보는 양택풍수, 그리고 방향을 보는 좌향坐向이 기본이다.

우리 주변에는 조상의 묘를 잘 써서 후손 중에서 누가 어떤 혜택을 입었다는 얘기는 비일비재하다. 참으로 신비스런 경험을 했다는 구전설화가 부지기수다. 대원군이 묘를 길지吉地로 옮겨 아들을 임금으로 만들었다는 얘기는 미뤄 두고, 요즘도 어느 대통령이 묘를 이장한 후 대통령에 당선됐다는 설도 항간에 나돌고 있다. 이렇게 좋은 일만 있으면 좋으련만 나쁜 일, 안 좋은 일이 더 많은 게 현실이다. 왜냐하면 이젠 산소를 이미 다 써서 명당자리가 별로 없기 때문이다.

필자의 친구 중에서 겪은 일인데, 부친의 장례를 치르고 차츰차츰 허리가 굽어지더니, 아픈데도 전혀 없는데 급기야 일 년 만에 완전히 'ㄱ'자로 꼬부라졌다고 한다. 나이 50세에 그럴 수가 있나? 보는 사람마다 부친의 산소 자리를 의심했으나 미신이라며 믿지 않고, 병원과 한의원을 전전하며 별별 검사를 다했으나 치료는커녕 원인조차도 찾지 못하였다. 대다수의 사람들이 그러하듯 그도 절망 끝에 희망으로 부친의 산소를 점검해 보니 결과는 흉지凶地였다. 풍수쟁이 말대로 안 할 수도 없는 급한 상황이어서 좋다는 곳으로 이장했다고 한다. 반신반의하면서……

그 후 조금씩 허리가 펴지는가 싶더니 꼭 일 년 만에 허리가 똑바로 다시 펴졌다는 것이다. 물론 이런 해괴한 일은 흔치 않다. 대체로 하는 일이 꼬이고 사고나 나고 몸이 아프고 이렇게 안 좋은 일이 생기는데, 이런저런 피해를 보면서도 이걸 조상 묘를 잘못 써서 그런 거라고 쉽게 알아내지 못한다.

묘 자리가 좋지 않으면 꿈에 현몽이 있게 마련인데, 친인척 중 누군가에게 나타나게 된다. 이는 가까운 촌수별로 일어나는 현상이 아니라 동기감응이 잘되는 사람에게 있게 된다. 이장 또는 초상으로 장례를 지내고 난 후 나타나는 수가 많다고 한다. 다 그런 것은 아니지만 며칠 후에 늦어도 40일 이내에 경험하게 된다 하는데, 고생스런 모습이거나 옷이 남루하거나 추워서 떨거나 아무튼 힘들어하는 모습으로 타나났다면 묘가 안 좋을 가능성이 높다. 반대로 편안한 모습이거나 의상이 화사하거나 기분 좋은 상태로 나타나면 묘가 쓸만 한 곳이다. 그러므로 장례를 지내고 얼마동안은 유심히 관찰해 봐야 한다.

살아가면서 아플 사람이 아프고, 손해 볼 일에서 피해를 봤다면 모르지만 예기치 않았던 우환이 생긴다면 묘를 살펴보는 것도 방법이다. 새로 쓴 것이면 말할 것 없이 더 중하고, 오래된 것이라 하여 안심할 수 없다. 나무뿌리가 들어갈 수도 있고, 장마에 떠내려 갈 수도 있으니 말이다. 또 산소 앞에 있던 작은 나무가 크게 자라 앞을 꽉 막아서 안산이 막혀 있는 묘가 참으로 많음을 볼 수 있는데, 이런 경우는 하루속히 나무를 제거해 줘야 한다.

주의할 것은 여기에 너무 집착하여 매사를 다 결부시켜서는 안 된다. 어떤 이는 복을 받겠다고 조상의 묘를 이리저리 몇 번씩 이장하는데, 그래서야 되겠는가! 지금 있는 그 자리보다 열 배 이상 좋아야 이장을 한다는 말도 있다. 그만큼 조상에게 손을 대는 일이 위험하고 어렵다는 뜻이다.

풍수전문가들은 이구동성으로 말한다. 이젠 명당자리 찾기가 힘들다고. 전국의 산이 거의 산소로 뒤덮여 있기 때문이다. 그러니 무해무덕無害無德, 즉, 해도 없고 덕도 없는 화장이 가장 무난한 것이다〔실은 작용이 전혀 없지는 않고 미미하게 있음〕. 만물의 영장인 살아 있는 사람들이 길흉화복의 주권을 돌아가신 조상에게 맡길 수는 없지 않은가? 자꾸 안 좋은 일이 생기든가, 관리하기가 어려우면 화장을 고려해 보는 것도 요즘 많이 하는 방법 중에 하나다. 잘 살아보겠다고, 좋은 운명을 만들어 보겠다고 마음먹었으면 조상들의 묘에 무관심해서는 안 된다. 예로부터 '안 되면 조상 탓'이라 하지 않는가?

# 일마다 손해 보니 노는 게 버는 사람

　'당신은 노는 게 버는 거다.' 하고 말하면 참으로 무능한 사람으로 보일 수 있겠지만, 개중에는 정말로 노는 것이 벌겠다고 나서는 것보다 나은 사람이 있다.

　하는 일마다 되는 게 없고 실패만 거듭하면서도 용기 있게 자꾸 일을 벌이는 사람에게 적용되는 말이다. 그리 되면 가정에 불화가 생기고 친족들 간에도 사이가 멀어진다. 그뿐만이 아니라 능력 없는 사람, 사고뭉치인 사람으로 도장이 찍힐 수 있으니 이럴 때는 차라리 노는 게 벌겠다고 덤비는 것보다 낫다. 급한 마음에 섣불리 벌겠다고 나섰다가 또 돈 잃고 망신까지 당하니 말이다. 그냥 때를 기다리는 것이 상책이다.

여기서 '그냥'이란 말은 사업을 하지 말라는 것이지 허송세월하라는 뜻이 아니다. 다음 재기를 위해서 준비를 해야 한다. 그 방면으로 취업을 해서 경험도 쌓고, 학원을 다녀 자격증도 따고, 책을 읽어 지식을 풍부하게 갖추어 만반의 준비를 하는 것, 이게 실패만 거듭하는 사람이 해야 할 일이다. 그러면서 새로 맞이할 운명의 날을 기다리는 것이다. 대운이 올 때를……〔대운이 오지 않는 사람도 있음〕.

때를 기다린다는 말을 하면서 생각나는 인물이 있다. 바로 강태공이다. 주나라의 문왕을 만나 나라를 세운 큰 공이 있는 인물로서 때가 되기를 기다렸으니 무려 72세였다. 그때까지 그는 위수에 낚시를 드리우고 세월을 낚았다. 애당초 고기를 잡을 목적이 아니어서, 꼬부라진 낚싯바늘이 아니라 바늘처럼 펴진 '곧은 낚시' 끝에 미끼를 바꿔가며 속된 말로 그 많은 세월을 죽였다고 한다.

일설에 의하면 선先 팔십, 후後 팔십 160세를 살았다 하는데 글쎄(?) 중국인들 허풍이 워낙 세서……, 하긴 우리나라에는 삼천갑자 동방삭도 있으니 똥 묻은 개가 겨 묻은 개를 탓하는 건 아닐는지…….

분명한 건 그도 마누라의 속을 엔간히 썩인 것 같다. 70살이

넘도록 그렇게 놀고 먹었으니 말이다. 그래도 구박받은 건 억울했던지, 후일 아내가 찾아왔을 때에 물을 한 그릇 떠 오라 하여 그 물을 바닥에 쏟아놓고는 다시 담아보라며 거절하여 돌려보냈다고 한다.

물, 하면 또 연상되는 인물이 있으니 바로 소크라테스다. 그의 아내도 일 안 하는 남편에게 소리소리 지르며 악을 쓰다가 소크라테스에게 바가지로 물을 퍼다 끼얹었다. 곁에 있던 친구가 보고는 "이거 너무 하는 거 아닌가?" 하고 말하자, 소크라테스는 태연하게 "천둥을 친 후에는 비가 오는 법이네." 했다니, 현자는 악처와 물과 인연 관계가 있나 보다. 다시 이야기를 돌려서, 운이 아니다 싶으면 때를 기다려야 한다.

필자도 그런 경험이 있다. 북한 김일성이 사망하던 1994년부터 운이 바뀐 것을 알았으나 오기가 생겼다. 그래서 오히려 사업을 더 확장했는데, 운명을 이길 수는 없었다. 다시 줄여서 3년을 겨우 버텼으나 97년인가(?) IMF가 상륙하던 해에 간판을 내렸다.

경험해 보니, 사업을 최소화하여 경비를 최대한 줄이고 온 몸으로 고생을 하면 적자는 면할 수 있었다. 그러나 규모가 커서 지출이 많으면 사업을 유지할 수 없다. 체면상 줄일 수 없어 고집스럽게 사업을 한다든가, 오기로 하게 되면 끝내 그만큼 손해를 더 보게 된다. 이럴 때는 '노는 게 버는 거'라는 말이 가장 적절하다. 다시 말하지만 취업이 상책이다. 그러나 취직도 편히 쉽게 되지 않을 것인데, 이는 운이 나쁘기 때문이다. 또한 취업이 됐다고 해도 편할 리 없다. 몸으로는 고통이 있을 것이며, 마음으로는 시달림을 겪을 것이다. 받는 급여도 형편없을 수도 있다. 그래도 수행하는 마음으로 참고 또 참아야 한다. 몸이 아프지 않은 것만도 천만다행이다.

만약 경제적 여유가 있다면, 이럴 때는 필요한 공부를 하는 것이 좋다고 한 바 있다. 기술을 익힌다든지, 외국어를 배운다든지 하는 것도 방법일 수 있다. 마음을 다잡아 엇나가지 않도록 힘써야 한다. 운이 안 좋을 때는 나쁜 길로 빠지기 쉽다. 친구들이나 집 식구들도 운이 나빠 그러려니 이해하며 화목함에 치중해야 한다. 운이 조금 나쁘면 재물을 잃고, 더 나쁘면 건강까지 잃고, 더욱 나쁘면 사람을 잃는다. 그러니 신중, 또 신중해야 한다. 그래서 공부를 하면서 마음을 다잡았으면 좋겠다는 것이다.

맹자님께서도 "운이 막혀 무슨 일이 잘 안 풀려 궁색할 때는 홀로 자기 몸을 닦는 데 힘쓰고, 운이 좋아 일이 잘 풀릴 때는 세상에 나가 좋은 일을 하라."고 가르쳤다고 한다. 돌이켜 보면 우리나라의 옛 선비들도 운이 안 좋을 땐 낙향하여 후학을 기르면서 세월을 보냈다. 벼슬에 연연하며 미련을 둔 사람들은 말로가 비극이었다.

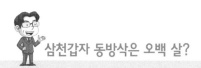 **삼천갑자 동방삭은 오백 살?**

　삼천 년을 살았다고 전해오는 동방삭의 나이는 오백 살이 아닌가 싶다. 왜냐하면, 삼천 살, 삼천 년 하지 않고 삼천갑자 동방삭이라 하여 육갑(六甲)을 붙였기 때문이다.

　옛날에는, 굳이 옛날일 것도 없이, 개화기 전까지만 해도 오행(五行)인 六甲을 써왔다. 임진왜란, 병자호란, 정유재란, 무오사화, 경술국치, 기미년 독립만세 등등 육갑은 60갑자를 줄인 말로서 갑자(甲子)부터 계해(癸亥)까지 꼭 60개이다. 甲子日이 삼천 번이면 필자가 계산해 보니 오백 살이 된다. 그 시대에 그 나이면 전설적인 인물이 아니겠는가? 삼천갑자년을 계산하면 십팔만 년이나 된다.

# Chapter 13 나쁜 기운 피하는 게 우환을 피하는 것

여기서 나쁜 기운이란 음기陰氣, 즉 저급한 잡귀들을 뜻한다고 말한 바 있다. 사람도 살아 있을 때는 양陽이고, 죽으면 음陰이 된다. 반복되는 얘기지만 음기는 양기를, 양기는 음기를 만나는 것을 싫어한다.

양 중의 양은 태양이다. 그러므로 음기들이 햇빛을 가장 두려워한다. 그래서 해가 떠 있는 낮에는 건물 안이나 그늘, 특히 지하실같이 어둡고 음침한 곳이 머무르기에 아주 적격이다. 실제로 필자가 그 방면으로 눈이 트인 사람과 동행한 적이 있었다. 남양주시 영화촬영소를 들렀다가 양수리 팔당댐 근처 터널을 지나게 되었는데, 차가 터널 안으로 들어서자 갑자기 "와! 이 안에는 왜 이렇게 많지?" 하였다. 그날은 햇볕이 강렬하게 따가웠고, 그 터널 위는 바로 천주교 공원묘지이다. 음기들이 강렬한 태양을 피해서 터널 속으로 들어와 있는 것이었다.

그러면 어떻게 다녀야 이런 음기들을 피할 수 있는가? 누차 얘기하지만 옷을 밝은 색으로 입는 게 좋다. 그들이 기피하는 붉은 색 계통이나 가장 밝은 노란색 등으로 입는 것도 예방이 될 수 있다. 또 길을 갈 때는 응달을 피해서 밝은 쪽으로 걸어야 안전하다. 밤에는 불빛을 비추면서 가면 더 좋고, 가끔씩 인기척을 내서 음기들도 갑자기 놀래는 일이 없도록 해야 한다.

길을 가다 보면 머리카락이 쭈뼛하며 온 몸에 소름이 오싹 돈는 때가 있는데, 대개의 경우 음기와 부딪힌 것이다. 이럴 때 몸이 건강하고 정신이 확고하여 자신감이 있어서 기가 강한 사람은 괜찮지만, 심신이 허약하여 몸의 주인이 고것들에게 만만하게 보이면, 사람의 기운〔정혈지기〕을 섭취하기도 한다. 몇 분 또는 몇 시간 머물러 있기도 하며, 늦어도 며칠이면 다시 나가는데, 이렇게 기운을 빼앗기면 이유 없이 몸이 나른하고 기운이 없든가, 머리가 띵하고 무겁든가, 머리 위 정수리에 약한 전기가 오는 듯 찡찡— 하기도 하며, 사람에 따라 단전부위가 허전하기도, 가슴이 답답함도 느낄 수 있다. 또 눈이 침침하게 흐리든가 아프기도 하고 귀가 멍하기도 하다. 이런 여러 가지 현상들을 겪게 되는데 사람에 따라 그 느낌이 크고 작은 차이는 있으나 그렇다고 약국이나 병원을 찾을 정도는 아니다.

집에서도 낮잠을 자면 좋지 않은 꿈을 꾸게 되든가 머리가 무거워 오히려 기분이 나쁜 때가 있는데, 해가 떠 있는 시간에는 음기들이 건물 안으로 들어오고〔밤에는 음의 시간이므로 밖으로 나감, 또 안에 불을 켜게 되므로 싫어서 어두운 바깥으로 나감〕, 잠을 자는 사람은 무방비 상태이므로 그런 일을 겪을 수 있다.

그러므로 쓸데없이 낮잠을 너무 많이 자는 것도, 아침에 늦게 일어나는 것도 이런 각도에서 보면 바람직하지 못하다. 이런 경우 아무리 잠을 자도 피로감만 더 쌓이게 된다. 자신의 정기精氣를 빼앗기기 때문이다. 아무튼 몸과 마음을 건강히 하여 음기들에게 얕보이지 않도록 해야 한다.

이런 일이 잦으면 주위 환경을 깨끗하고 밝게 하면서 잔잔한 음악을 켜놓는 것이 좋다. 종교가 있으면 불경이나 찬송음악 등을 틀어놓는다면 더 좋다. 크게 하지 않고 소리가 작아도 무방하다. 우리 인간과는 듣는 차이가 다르기 때문이다. 사람은 20데시벨에서 20,000데시벨까지의 소리만 듣는다고 한다. 작은 소리로는 개미나 벌레가 기어 다니는 소리를 듣지 못하고, 큰 소리로는 지구가 돌아가는 소리, 우주가 움직이는 소리를 듣지 못한다.

들지만 못하는 게 아니라 보지도 느끼지도 못한다. 우리가 살고 있는 지구가 460km나 되는 빠른 속도로 회전하고 있지만 이를 느끼는 사람은 없다.

이야기를 다시 돌려서, 아무튼 나쁜 기운인 음기와 접하지 않도록 해야 한다. 밤길을 걸을 때는 무섭다고 입을 꼭 다물고 겁먹고 가는 것보다 동행자가 있으면 같이 큰소리로 떠들며 가는 게 좋고, 혼자라면 노래를 부르던가 라디오와 같은 소리 나는 것을 이용한다. 잡귀들도 사람을 싫어한다. 사람이 오는 것을 알고 피할 시간을 주는 게 좋다. 특히 양기가 펄펄 넘치는 젊은이들이나 맑고 밝은 기운이 가득 찬 수행인들을 보면 그들도 도망을 친다고 한다.

차를 타고 갈 때는 차의 라이트를 켜고, 창문을 모두 잘 닫은 다음 빨리 지나가는 게 좋다. 낮에 터널을 지나며 차창을 열고 전조등도 안 켜고 가는 것은 나쁜 습관이다. 등산이나 계곡에 가면 무당들이 기도하던 곳이 있는데, 가능하면 피할 곳이지 굳이 그곳으로 갈 필요도 머물러 있을 이유도 없는 곳이다. 또한 사고가 많이 나는 장소에는 그곳에 머물러 있는 음기가 반드시 있게 마련이다. 그러니 꼭 그곳에 볼 일이 없는 이상 그런 데서 시간을 지체할 필요는 없다. 등산객들 중에 점심을 먹을 때에 응달을 찾아서 먹는데, 이럴 때도 음침한 곳보다 양지바른 곳 중에서 그

늘을 택해야 한다. 음산한 곳에서 먹으면 음기들이 있는 곳이니 잘못될 수도 있다.

이런 여러 가지 일들로 인해서 이상하게 기분이 안 좋은 경우 기독교인이면 주님을 찾고 불러서 접근하지 못하게 하고, 불교인이라면 부처님이나 경을 외워야 하며, 종교인이 아니면 나는 대가 센 사람이므로 잡귀나 잡신은 감히 내게 접근하지 못한다는 강한 암시를 가져야 한다.

왜 이게 그리 중한가? 그 방면으로 능력 있는 이들이 참으로 많은데, 귀鬼와 신神들이 얼마나 많은가 하면 살아 있는 사람보다 훨씬 많다고 한다. 많으니 부딪힐 확률도 높다. 필자도 이에 동감한다.

사람들 사이에도 좋지 않은 관계라면 만나지 않는 게 상책이고, 머물러 시간을 같이 해야 할 경우 가능한 한 짧게 만나는 게 중책이며, 일이 생긴 후에야 방법을 찾는 것은 하책이 된다.

# 주위 환경 밝게 해야 운명도 밝아진다 <sub>Chapter</sub> **14**

평화롭게 잘 살고 싶으면 당신의 집 안팎을 늘 깨끗이 해야 운명도 좋아지는 것이니 그리하라 이르면, 깨끗이 하고 싶지 않은 사람이 어디 있겠느냐? 살다 보니 바빠서 치울 시간이 없다 하는 사람도 있고, 집구석이라고 좁아서 어디로 치울 자리가 없다는 사람도 있으며, 치워도 그때뿐이고 금방 집안이 이 모양이라는 등 핑계도 다양하다. 그러나 이런저런 핑계를 둘러댄다고 하여 더러워서 나가던 복이 "아하! 이 집은 그런 이유가 있었구나." 하며 나가다가 다시 들어올 것 같은가? 천만의 말씀이다.

그러면 어떻게 해야 하는가? 집안의 물건이 집에 비해 너무 많아서 복잡하지 않도록 한다. 사실 집에서 꼭 필요한 것도 아니면 서 자리를 차지하고 있는 게 부지기수다. 일 년에 한 번, 혹은 몇 년에 한 번 쓸까 말까한 것을 두고 그걸 버리지 못한다. 특히 이런 사람들은 오히려 남이 버리는 것까지 아까워하며 그걸 얻어 가져 와서는 요즘 사람들은 물건 귀한 줄 모른다고 한다. 그래서 집이 안이든 밖이든 점점 더 지저분해진다. 이렇게 꼭 필요한 것도 아니면서 그게 자리를 차지하고 있는 게 부지기수다. 과감하게 정리하여 환경을 밝고 쾌적하게 바꿔야 한다. 손님을 초대하면 청소를 하듯이 좋은 운명을 불러들이는 데 있어서 제일 먼저 해야 할 일이 집의 정리정돈이다.

집안이 뒤숭숭하고 어두우면 여러 가지로 좋지 않다. 그러므로 환하게 하려면 조명을 밝혀야 한다. 요즘같이 어려운 때에 한 푼이라도 더 아껴야지 불을 밝히라 하면 그게 낭비인 듯싶겠지만, 그런 것이 아니다. 좋지 못한 음陰 기운들은 어두운 곳, 지저분한 장소, 차갑고 서늘한 곳, 축축하고 음산한 데를 더 좋아한다. 반대로 밝고 따스하며 깨끗하게 정리된 곳은 싫어한다. 그러므로 운명이 당신에게 진정으로 원하는 것은 깨끗하고 밝은 환경이며, 당신도 운명에게 해줄 수 있는 게 있다면 머물러 있기에 좋은 쾌적한 환경이다.

집이 어둡고 탁하여 음기〔잡귀〕가 있으면 꿈자리가 뒤숭숭하고, 자고 나도 머리가 무겁고 몸이 가볍지 않다. 그런가 하면 식구들 중에 환자가 생기고, 되는 일보다 안 되는 일이 예전보다 더 많게 된다. 집안에서만 그런 일이 생기는 것이 아니라 밖에서도 좋지 못한 일들이 발생한다. 나 자신부터도 전기 요금은 눈에 보이는 것이고, 이런 좋지 못한 일들은 그 원인을 찾아내기 쉽지 않으니 생활 습관을 바꾸기가 참으로 어렵다.

집안 분위기를 밝고 깨끗이 한다면서 백색을 쓰면 오히려 찬 기운이 돌게 된다. 따스하면서도 밝은 색으로 하되 자신에게 맞는 색이면 더 좋을 것이다〔자신에게 맞는 색은 사주를 알아야 함〕. 더 관심이 있는 독자는 그 외에 풍수인테리어에 관한 책을 참고하는 것도 방법이 될 수 있다. 참고로, 좋지 못한 잡귀들은 붉은 색과 황금색을 기피한다고 그 방면에 능력이 있는 사람은 말한다. 그렇다고 집 안팎을 모두 이런 색으로 할 수야 있겠는가! 적절하게 안배하여 예쁘게 하자. 또한 전기 요금 몇 푼 아끼려고 어둡게 살지 말아야 한다. 밝은 곳에 살아야 성격은 물론 얼굴 표정도 밝아진다. 어두컴컴한 곳에서 사는 사람들 중에는 성격도 그리 되기 쉽다.

자기 집인데도 오늘 따라 왠지 집안 분위기가 이상하다 싶게 침울하던가, 괜히 서먹서먹한 분위기가 들면 모든 곳에 불을 한꺼번에 다 켜놓는다. 방은 물론 화장실이나 베란다까지도 불을 밝힌다. 가능하면 집 밖까지 그리하면 좋다. 시간은 5분이면 충분하다. 그리하면 나쁜 기운들이 밝은 양기에 쫓겨 밖으로 나가게 된다. 집이 너무 조용하다 싶으면 좋은 음악이나 텔레비전을 켜놓기도 하고, 쓰지 않는 방일수록 더 깨끗이 더 밝게 해야 한다. 늘 그렇게 하면 기분도 좋아지고, 운명도 밝아진다. 지금 당장이라도 정신이 반짝 들도록 청소를 하고 기분이 상큼하도록 정리를 하자. 깨끗해진 만큼 당신의 운명이 좋아할 것이다.

# 손 없는 날 없는데도 손 없다며 이사한다

# Chapter 15

새도 자리를 옮겨 앉으면 깃털이 빠진다는 말이 있는데, 이 말은 이사가 그만큼 경비도 들고 힘이 든다는 말일 것이다.

그러나 요즘은 이삿짐 옮기는 것도 전화 한 통화로 간단히 끝낸다. 그래서 그런지는 알 수 없으나 이사를 다니는 집도 꽤나 많은 편인데, 어떤 달력엔 '이삿날' 이라고 아예 인쇄가 되어 있다. 손 없는 날이라는 뜻인데 여기서 '손' 은 잡귀가 손해를 입히지 않는다는 뜻으로 쓰여 왔다. 참 재미있는 일이다. 불과 얼마 전까지만 해도 그런 걸 운운하는 게 미신 같아서 쑥스러웠는데 어느 새 그렇게 변했나 싶다.

손 없는 날! 이게 역학을 공부한 필자가 보기에 잘못 알고 있는 것이 있다. 어설프게 아는 건 모르고 묻는 것만 못하다. 문제는 손 없다는 그날이 똑같이 모든 사람들에게 적용되지 않는 데

### 【택일(擇日) 좋은 날 찾는 법】

| 연령(당년) / 구분 | 남 자 | | | | | | | | 여 자 | | | | | | | |
|---|---|---|---|---|---|---|---|---|---|---|---|---|---|---|---|---|
| | 1 8 16 24 32 40 48 56 64 72 80 88 | – 9 17 25 33 41 49 57 65 73 81 89 | 2 10 18 26 34 42 50 58 66 74 82 90 | 3 11 19 27 35 43 51 59 67 75 83 91 | 4 12 20 28 36 44 52 60 68 76 84 92 | 5 13 21 29 37 45 53 61 69 77 85 93 | 6 14 22 30 38 46 54 62 70 78 86 94 | 7 15 23 31 39 47 55 63 71 79 87 95 | 1 8 16 24 32 40 48 56 64 72 80 88 | 2 9 17 25 33 41 49 57 65 73 81 89 | 3 10 18 26 34 42 50 58 66 74 82 90 | 4 11 19 27 35 43 51 59 67 75 83 91 | 5 12 20 28 36 44 52 60 68 76 84 92 | 6 13 21 29 37 45 53 61 69 77 85 93 | 7 14 22 30 38 46 54 62 70 78 86 94 | – 15 23 31 39 47 55 63 71 79 87 95 |
| 생기(生氣) 길 | 卯 | 丑寅 | 戌亥 | 酉 | 辰巳 | 未申 | 午 | 子 | 辰巳 | 酉 | 戌亥 | 丑寅 | 卯 | 子 | 午 | 未申 |
| 천의(天宜) 길 | 酉 | 辰巳 | 午 | 卯 | 丑寅 | 子 | 戌亥 | 未申 | 丑寅 | 卯 | 午 | 辰巳 | 酉 | 未申 | 戌亥 | 子 |
| 절체(絶體) 평 | 子 | 戌亥 | 丑寅 | 未申 | 午 | 酉 | 辰巳 | 卯 | 午 | 未申 | 丑寅 | 戌亥 | 子 | 卯 | 辰巳 | 酉 |
| 유혼(遊魂) 평 | 未申 | 午 | 辰巳 | 子 | 戌亥 | 卯 | 丑寅 | 酉 | 戌亥 | 子 | 辰巳 | 午 | 未申 | 酉 | 丑寅 | 卯 |
| 화해(禍害) 흉 | 丑寅 | 卯 | 子 | 辰巳 | 酉 | 午 | 未申 | 戌亥 | 酉 | 辰巳 | 子 | 卯 | 丑寅 | 戌亥 | 未申 | 午 |
| 복덕(福德) 길 | 辰巳 | 酉 | 未申 | 丑寅 | 卯 | 戌亥 | 子 | 午 | 卯 | 丑寅 | 未申 | 酉 | 辰巳 | 午 | 子 | 戌亥 |
| 절명(絶命) 흉 | 戌亥 | 子 | 卯 | 午 | 未申 | 辰巳 | 酉 | 丑寅 | 未申 | 午 | 卯 | 子 | 戌亥 | 丑寅 | 酉 | 辰巳 |
| 귀혼(歸魂) 평 | 午 | 未申 | 酉 | 戌亥 | 子 | 丑寅 | 卯 | 辰巳 | 子 | 戌亥 | 酉 | 未申 | 午 | 辰巳 | 卯 | 丑寅 |

◐ 보는 법은 위의 도표에서 보듯, 남녀에 해당되는 우리나라에서 쓰는 실제 나이(서양식으로 만 나이가 아님)를 보아 생기(生氣), 천의(天宜), 복덕(福德)은 길일(吉日)이므로 이날에 결혼이나 이사 등 행사를 하면 된다〔화해(禍害), 절명(絶命)은 피한다〕.

있다. 이 기회에 '삼합길일' 이야기도 좀 하자. 그날이 최고의 길일이라며 앞다투어 결혼식장 예약을 하는데 절대로 그렇지 않다. 가령, 어느 날이 길일이라고 했을 때 그날의 일진이 목木 이나 화火가 많은 날이라면, 그날 결혼하는 부부의 운명 중에 木 이나 火가 절대적으로 필요한 사주라면 그야말로 길일이다. 그 러나 木이나 火가 오히려 흉한 운명의 사주라면 이 어찌 길일이 될 수 있겠는가? 몸에 좋은 보약도 체질에 맞아야 쓰는 것이다. 길일이라 하여 모든 사람에게 적용되지 않는다. 반드시 자신의 사주에 맞는 날이 가장 좋은 길일이 된다는 점을 잊지 마시라.

택일 방법! 이를 간단히 설명하면 다음과 같다.

**첫째, 이사 방향을 본다.**

이것은 이사할 계획이 있으면 여유 있게 미리 부부〔요즘은 여 자도 사회생활을 많이 하므로 남자만 보지 않고 같이 보고 있음〕의 나 이를 보아 길방吉方을 찾는다.

**둘째, 남녀 사이에 맞춰 생기生氣일이나 복덕福德일 등 길일을 정 한다.**

일진日辰은 달력에 나와 있는 것이 많이 있다. 방향이나 날짜 를 볼 때 결혼한 부부라면 애들은 보지 않고 어른만 보면 되는 데, 부부 중에 한 사람은 좋고 한 사람은 안 좋은 경우가 종종 있다. 이럴 때는 세대주에 맞춰서 정한다. 그러나 남편은 건강상, 또는 어떤 이유에서건 일을 못하고 있고 아내가 집안을 부양하고 있는 가정도 요즘은 적지 않은데, 이런 경우 남편이 있어도 아내에게 좋은 날, 좋은 방향으로 정해 이사한다.

**셋째, 요즘 널리 쓰이는, 일명 손 없는 날에 맞춘다.**

이 외에도 사주용신, 황도일 등 자세히 보려 하면 전문 지식인도 시간이 꽤나 걸리는 작업이 택일을 정하는 것이다. 경험에 의하면 방향, 일진, 손 없는 날, 이것만 잘 맞아도 그런 대로 무난하다.

| 손 없는 날을 정리해 보면 다음과 같다(일명 태백살이라고도 한다). 반드시 음력으로 본다 | | |
| --- | --- | --- |
| 1, 11, 21일 | 2, 12, 22일 | 동방東方으로 이사하면 해롭다 |
| 3, 13, 23일 | 4, 14, 24일 | 남방南方으로 이사하면 해롭다 |
| 5, 15, 25일 | 6, 16, 26일 | 서방西方으로 이사하면 해롭다 |
| 7, 17, 27일 | 8, 18, 28일 | 북방北方으로 이사하면 해롭다 |
| 9, 19, 29일 | 10, 20, 30일 | 천지天地 위나 아래로 이사하면 해롭다 |

보는 바와 같이 가령 1일, 2일, 11일, 12일, 21일, 22일은 동쪽으로 이사를 가면 손 있는 방향이라 하여 해로운 일이 발생한다는

데〔동쪽만 아니면 무방함〕, 더 자세히 세분하면 1일은 정동쪽, 2일은 동남쪽, 3일은 정남쪽, 4일은 남서쪽 이렇게 돌아가나 정확히 방향을 찾기도 어렵거니와 대강 손 있는 방향만 피하면 되므로 편의상 동, 서, 남, 북으로 쉽게 보고 있다.

문제는 9일, 19일, 29일, 10일, 20일, 30일은 손 없는 날, 길일이라 하여 좀 과장되게 표현하면 온 국민들이 선호하고 있으나, 자칫 실수하기 쉬운 게 있다.

요즘은 지하실에도 사람들이 거주하고 아파트처럼 위층에도 살고 있는데, 예전에는 지하에도 하늘에도 집이 없으니, 그래서 쉽게 9와 0이 든 날은 손 없는 날이었다. 그러나 위에서 보는 바와 같이 아래층에서 위층으로, 위층에서 아래층으로 이사를 했다면 오히려 손 있는 날에 꼭 맞춰서 이사를 한 셈이 된다. 그러니 이는 크게 잘못된 것이다.

한 예로, 원주에 필자가 아는 집이 있는데, 지하층에서 하던 식당을 1층으로 옮겼다. 잘한다고 손 없는 날 이사를 했다는데, 아래위로 움직였으니 그날이 바로 손 있는 날이 된다. 손 없는 날은 없다. 다만 어느 방향으로 가면 괜찮은가? 음력으로 날짜에 따라 손 없는 방향만 있을 뿐이다.

살다 보면 이사를 해야 하는데 어쩔 수 없이 그날, 그 방향으로 이사를 가야만 하는 경우가 있다. 그런데 그 방향이 나쁘다면 좀 번거롭겠지만 이사를 두 번 하는 방법이 있다. 가령 서쪽으로 가면 좋고 동쪽은 안 좋은데 꼭 그 집으로 가야 하는 경우, 이사 갈 집을 지나서 동쪽으로 좀 멀리 갔다가 좋은 날을 택해 다시 서쪽〔원래 이사 갈 집〕으로 가면 된다. 이때 모든 이삿짐을 다 갖고 가면 좋으나 불가피한 경우에는 며칠 갈아입을 옷, 솥단지, 이불, 가스렌지, 쌀 등을 간단하게 꾸려 아는 집이나 여관 등으로 이사한다. 반드시 이사한 것과 똑같은 마음이 되도록 하기 위해서는 막걸리에 북어라도 한 마리 놓고 이사 간 것처럼 하면 된다. 먹고, 자고, 출퇴근하며 3일 이상 살다가 길일을 택해 다시 원래 갈 집으로 이사를 한다면 이법理法이 될 것이다.

식구들이 다 같이 행동하기 어려우면 부부만 가고, 그것도 어려우면 세대주가 움직이는 게 더 효과적이다. 이때도 아내가 가정을 부양하고, 남편은 병석에 누워 있다면〔이와 비슷한 경우도 해당〕 남편보다 아내가 움직이는 게 원칙에 맞는다.

이사를 잘하지 못해서 고생하는 사람들이 알게 모르게 생각보다 많다.

이사! 경비도 들고, 힘도 든다. 기왕이면 좋은 방향方向과 복받는 길일吉日에 행하여 운명을 좋게 바꿔보자.

【이사 방위 찾는 법】

○ : 좋은 방향  × : 나쁜 방향

| 남녀 | 나이 \ 방향 | 동 | 동남 | 남 | 서남 | 서 | 서북 | 북 | 동북 | 중앙 |
|---|---|---|---|---|---|---|---|---|---|---|
| 남자연령 | 1, 10, 19, 28, 37, 46, 55, 64, 73, 82 | 천록○ | 안손× | 진귀× | 퇴식× | 오귀× | 증파× | 관인○ | 합식○ | 식신○ |
| | 2, 11, 20, 29, 38, 47, 56, 65, 74, 83 | 안손× | 식신○ | 관인○ | 천록○ | 합식○ | 오귀× | 퇴식× | 진귀× | 증파× |
| | 3, 12, 21, 30, 39, 48, 57, 66, 75, 84 | 식신○ | 증파× | 퇴식× | 안손× | 진귀× | 합식○ | 천록○ | 관인○ | 오귀× |
| | 4, 13, 22, 31, 40, 49, 58, 67, 76, 85 | 증파× | 오귀× | 천록○ | 식신○ | 관인○ | 진귀× | 안손× | 퇴식× | 합식○ |
| | 5, 14, 23, 32, 41, 50, 59, 68, 77, 86 | 오귀× | 합식○ | 안손× | 증파× | 퇴식× | 관인○ | 식신○ | 천록○ | 진귀× |
| | 6, 15, 24, 33, 42, 51, 60, 69, 78, 87 | 합식○ | 진귀× | 식신○ | 오귀× | 천록○ | 퇴식× | 증파× | 안손× | 관인○ |
| | 7, 16, 25, 34, 43, 52, 61, 70, 79, 88 | 진귀× | 관인○ | 증파× | 합식○ | 안손× | 천록○ | 오귀× | 식신○ | 퇴식× |
| | 8, 17, 26, 35, 44, 53, 62, 71, 80, 89 | 관인○ | 퇴식× | 오귀× | 진귀× | 식신○ | 안손× | 합식○ | 증파× | 천록○ |
| | 9, 18, 27, 36, 45, 54, 63, 72, 81, 90 | 퇴식× | 천록○ | 합식○ | 관인○ | 증파× | 식신○ | 진귀× | 오귀× | 안손× |
| 여자연령 | 1, 10, 19, 28, 37, 46, 55, 64, 73, 82 | 퇴식× | 천록○ | 합식○ | 관인○ | 증파× | 식신○ | 진귀× | 오귀× | 안손× |
| | 2, 11, 20, 29, 38, 47, 56, 65, 74, 83 | 천록○ | 안손× | 진귀× | 퇴식× | 오귀× | 증파× | 관인○ | 합식○ | 식신○ |
| | 3, 12, 21, 30, 39, 48, 57, 66, 75, 84 | 안손× | 식신○ | 관인○ | 천록○ | 합식○ | 오귀× | 퇴식× | 진귀× | 증파× |
| | 4, 13, 22, 31, 40, 49, 58, 67, 76, 85 | 식신○ | 증파× | 퇴식× | 안손× | 진귀× | 합식○ | 천록○ | 관인○ | 오귀× |
| | 5, 14, 23, 32, 41, 50, 59, 68, 77, 86 | 증파× | 오귀× | 천록○ | 식신○ | 관인○ | 진귀× | 안손× | 퇴식× | 합식○ |
| | 6, 15, 24, 33, 42, 51, 60, 69, 78, 87 | 오귀× | 합식○ | 안손× | 증파× | 퇴식× | 관인○ | 식신○ | 천록○ | 진귀× |
| | 7, 16, 25, 34, 43, 52, 61, 70, 79, 88 | 합식○ | 진귀× | 식신○ | 오귀× | 천록○ | 퇴식× | 증파× | 안손× | 관인○ |
| | 8, 17, 26, 35, 44, 53, 62, 71, 80, 89 | 진귀× | 관인○ | 증파× | 합식○ | 안손× | 천록○ | 오귀× | 식신○ | 퇴식× |
| | 9, 18, 27, 36, 45, 54, 63, 72, 81, 90 | 관인○ | 퇴식× | 오귀× | 진귀× | 식신○ | 안손× | 합식○ | 증파× | 천록○ |

◩이사할 방향을 찾아보는 방법도, 해당되는 사람의 나이를 찾아 천록(天祿), 합식(合食), 관인(官印) 방향은 길방(吉方)이니 그 방향으로 이사할 곳을 찾으면 된다.

이 외에 삼살방(三煞方)이나 대장군방(大將軍方)도 상당히 중시하는 사람이 많은데, 택일 길흉백과에 있는 그대로 신살, 황도일, 공망, 천적, 본명…… 하며 다 맞는 길일을 찾기란 쉬운 일이 아니다. 세 가지만 더 추가한다.

◩본명일(本命日)은 자신이 태어난 해이다. 가령 甲子年에 태어났으면 甲子日, 乙丑日에 출생한 사람은 乙丑日이 본명일이라 하는데, 이날도 피하는 게 좋다고 한다. 대장군방과 삼살방은 다음과 같다.

◩삼살방(三煞方)
申子辰년(원숭이, 쥐, 용)띠 해는 남쪽 방향이 삼살방이 된다.
巳酉丑년(뱀, 닭, 소)띠 해는 동쪽방향이 삼살방이 된다.
寅午戌년(범, 말, 개)띠 해는 북쪽방향이 삼살방이 된다.
亥卯未년(돼지, 토끼, 양)띠 해는 서쪽방향이 삼살방이 된다.

◩대장군방(大將軍方)
亥子丑년(돼지, 쥐, 소)띠 해에는 서쪽방향이 대장군 방이 된다.
寅卯辰년(범, 토끼, 용)띠 해에는 북쪽방향이 대장군 방이 된다.
巳午未년(뱀, 말, 양)띠 해에는 동쪽방향이 대장군 방이 된다.
申酉戌년(원숭이, 닭, 개)띠 해에는 남쪽방향이 대장군 방이 된다.

대장군방이나 삼살방도 해당되는 해에 그 방위만 피하면 된다. 더 자세한 것은 『택일길흉백과』나 『택일력(책력)』을 참고하면 된다. 가령 이사 방향이 동쪽, 남쪽, 서쪽이 길한데 남쪽이 삼살방이라면 동쪽이나 서쪽으로 가면 되는데 이때 이삿날을 위 도표에서 보고 길일로 정하면 되는 것이다.

# 음식은 진귀하니 과식을 하지 말라 *Chapter* **16**

　인간의 생명은 고귀한 것이기에, 우리가 먹는 음식은 진귀한 것이다. 불교에서 발우공양을 앞에 놓고 합장하며 고마움을 표하는 것이나, 기독교에서 식사 전에 감사의 마음을 나타내는 것을 볼 때 그 경건함이 참 좋다.

　음식은 우리에게 꼭 필요한 만큼 또한 소중하다. 그런데 필요한 것이라고 하여 많이 먹으면 오히려 건강하기보다는 그로 인해 병이 되는 것이다. 그러므로 과식은 금물이다. 더 중요한 것은 음식을 절제한다는 건 탐식을 억제하는 공부다. 많이 먹는 습관이 들면 점점 욕심이 생기고, 또 욕심 있는 사람이 음식도 더 많이 먹는다. 물론 절대적으로 다 그런 것은 아니다. 육체적으로 노동일을 하는 사람들은 잘 먹고 든든히 많이 먹어야 한다. 그래야 힘을 쓸 수 있다.

요즘은 예전과는 달리 먹고사는 게 풍족하다 보니 당신에게 그만 먹으라는 사람도 없고, 더구나 주위에서 자꾸만 더 먹으라고 권하면 이는 견디기 쉽지 않은 수행이다. 과식은 탐심을 키우는 것이고 몸에 병을 만들지만, 소식은 건강을 지키고 지혜가 자라며 남을 배려하는 마음이 생긴다. 그런가 하면, 참는 마음의 공부가 되기도 한다. 먹고 싶은 걸 앞에 두고, 소 닭 보듯 하며 억지로 참고 있는 것은 차라리 고문일지도 모른다. 사람이니까 그건 당연하다. 소식小食, 그러므로 이는 수행을 하는 것이나 다름이 없다. 스님이나 신부님, 목사님이나 수행자들이 탐욕스럽게 음식을 대하는 모습을 당신은 본 적이 있는가?

먹는 이야기를 하는 길에 신神들의 식사 방법을 보면, 그 층차에 따라 식사 방법이 다르다 하는데, 아래층에 있는 저급한 영혼들은 차려주는 음식의 냄새를 맡는 것이다[사실은 음식 속의 氣를 섭취함]. 그래서 우리가 보기에는 조금도 음식이 줄지 않는다. 그걸 보고 어떤 이는 "제사를 지내면 조상이 먹은 걸 본 적 있느냐? 그저 그날을 잊지 않고 기억하면 되는 거 아니냐." 하며 가장 상식적이고 과학적인 듯 말을 한다. 상에 차려놓은 게 전혀 줄지 않고 그대로 있다는 뜻인데 이는 억지가 들어 있는 말이다. 필자는 아직 시험해 보지 않았지만, 이렇다 한다.

가령 두 그릇의 같은 음식이 있다고 하자. 하나는 신에게 제사를 지내서 신이 흠양을 했고, 한 그릇은 그렇지 않았다면 제사를 지낸 음식이 훨씬 더 빠르게 변질이 된다는 것이다. 음식 속에 기가 다 빠져 없기 때문이다〔영양은 남아 있음〕. 영혼이 어떻게 사람과 똑같이 음식을 섭취할 수 있단 말인가! 더 높은 신은 눈으로 보는게 '식사 방법'이라고 한다. 이렇게 귀나 신들은 식사 방법이 다른 것이다.

그리 되면 신들은 먹고 살기가 참 편할 것 같다. 왜냐하면 시장에 가면 과일이나 음식들이 얼마나 많은가? '이거 먹는다고 표시 나는 거 아니고, 옆에서 슬슬 냄새나 맡고 지나가면 되는데……' 할지 모르지만 천만의 말씀이다. 그 물건에는 주인이 있기 때문이다. 만약 인간의 눈에 보이지 않는다 하여 그리 한다면 이는 신계에서 신벌을 받는다고 하는데, 신의 세계는 우리 인간사회보다 더욱 벌이 엄하여 백배나 무겁다고 한다. 예를 들면 이러하다.

인간사회에서 어떤 사람이 열 명을 죽였다면 그 열 명 죄를 한 번에 다 받는다. 그래서 사형이나 무기징역이라고 하자. 그러나 신계에서는 한 사람씩에 대해 따로따로 열 번이나 벌을 받는데, 형벌이 처참하여 그 고통을 견디기란 필설로는 표현할 방법이 없다고 한다. 그러니 살았을 때 죄를 지었다면 인간세상에서 그 죗 값을 다 치르는 게 가장 좋은 방법이다. 우리 인간세상에서는 옷 도 주고, 밥도 주고, 잠도 재워주고, 아프면 치료도 해주고 있다.

이야기를 돌려서, 과식을 하면 어떤 병이 된다는 것은 의사들 의 몫으로 남겨두고, 배가 부른 데도 자꾸만 더 먹는다는 것은 짐승만도 못하다. 호랑이나 사자만 보더라도 배가 부를 때는 먹 이가 옆에 있어도 더 이상 잡지 않는다.

소식을 하자. 당신이 음식을 적게 먹으면 그걸 다른 사람들이 먹든가 아니면 동물이라도 먹을 것이다. 짐승들에겐 그것이 더 없는 진수성찬이어서 감지덕지다. 그런데 배가 부르면서도 당신 이 자꾸만 더 먹는 것은 남이 먹을 수 있는 음식을 먹지 못하게 변소에 갖다 버리는 것과 같은 이치다. 『마의상법』이라는 관상학 책 〈개운 방법편〉에 있는 얘기다. 여기서 생각해 볼 것은, 짐승을 키우는 시골이 아니고 도시에서는 음식쓰레기 문제가 염려되는 지역도 있다. 이럴 때는 남겼다 다음에 먹을 것인가, 다 먹고 한 끼 굶을 것인가, 그대로 버릴 것인가 결정을 잘해야 한다. 그 판 단은 당신의 지혜가 해야 할 몫이다.

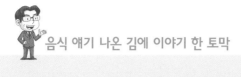

음식 얘기 나온 김에 이야기 한 토막

'가난한 사람의 양식은 허리띠다'라는 말이 있는데, 배고플 때는 허리띠를 단단히 꽉 졸라매면 좀 낫다는 뜻에서 나온 말이다.

먹고사는 게 너 나 없이 어려웠던 시절! 하루는 집에 손님이 찾아왔다. 아내는 양식이 넉넉지 못해 남편과 손님의 밥 두 그릇만 겨우 지었다. 밥상이 사랑채로 들어가자, 그걸 본 애들이 칭얼거렸다. 밥 달라는 것이다. 큰 녀석에게 이르기를 , 이따가 아버님이 남기시는 걸 먹으라고 하였고, 동생에겐 손님이 남기는 걸 먹으라고 달랬다.

둘은 문틈으로 연실 들여다보며 그릇에서 밥이 줄어들 때마다 몹시 안타까워하였다. 마침내 아버님은 수저를 놓으시며 밥을 남기셨다. 아마도 밖에 있는 자식놈들이 목에 걸렸을 것이다. 그런데 손님은 다 먹을 요량으로 밥에 물을 부었다. 그때였다. 문틈으로 엿보던 동생이 갑자기 울음을 터트리며 이렇게 소리쳤다.

"엄마, 손님이 내 밥에 물을 부었어!"

얼마 전까지만 해도 이처럼 밥 먹기 어려운 시절이었다. 이때는 어른들이 밥을 조금씩 남겼다. 아이들 먹으라는 뜻이다. 그러면서도 배불리 먹은 것처럼 보이기 위해 일부러 '꺼—억' 하며 억지 트림을 했다. 그것이 음덕(陰德)이다.

습관이 생활이고 성격이 운명인데, 타고난 운명을 바꿔보겠다는 독자라면 과식은 절대 금물이다. 필자의 벗 중에 한의학을 공부한 이가 있는데, 못 먹어서 생긴 병은 고치기 쉬워도 잘 먹어서 생긴 병은 고치기 어렵다 하였다.

운명을 바꾸는 여러 가지 방법 중에 소식(小食), 이것만 잘 실천해도 반은 성공한 셈이다.

# Chapter 17 이름이 좋으면 운명도 좋아진다

    성명학을 공부한 사람들은 이름이 운명을 좌우하고, 명리학을 공부한 사람들은 사주팔자가 부귀를 주관하며, 인상학을 공부한 사람들은 관상이, 풍수학을 공부한 사람은 터가 운명에 미치는 영향이 가장 크다 할 것이다.

    자동차가 못 가는 이유도 여러 가지가 있다. 연료가 없어도, 바퀴가 펑크 나도, 부속이 고장 나도, 심지어는 물이 없어도 가지 못한다. 사람의 운명도 한평생 팔자가 펴지 못하고 가난하게 사는 이도 있고, 한 세상을 환자로 보내는 이도 있으며, 하는 일마다 실패만 거듭하는 사람도 있다. 어쩌면 자동차가 제대로 못

움직이는 이유보다 더 많을지도 모른다. 운명을 가로막고 있는 것들이 여러 가지 이유로 모두 다 중하겠지만, 성명학에 대해서만 언급하려 한다.

필자가 보기에는 사주가 몸이라면 성명은 의복에 비유하고 싶은데, 적절한 비유인지는 모르겠다. 사람이 어떤 옷을 입느냐에 따라서 품격이 달라진다. 그래서 '옷이 날개'라는 말도 있나 보다. 이름은 사주에 맞아야 쓸 수 있다. 아무리 좋은 옷이라도 내 몸에 맞아야 입을 수 있는 것이다. 그런가 하면 이름은 부르기 쉽고, 기억하기 좋으며, 좋은 뜻을 지녀야 한다. 그러면서도 수리, 음양, 오행 등 요구하는 조건에서 누락됨이 적을수록 좋은 이름이 되는 것이다.

성명학도 한 학문으로 계승되고 있는 만큼 관심이 있는 독자는 이에 관한 전문서적을 참고하기 바라며, 여기서는 성명이 운명에 작용을 준다는 점만 말하려 한다.

언어는 물론 생각도 물질로 변한다. 하물며 평생을 들으며 사는 게 자신의 이름이고 보면, 성명이 주는 파장이 운명에 영향을 주는 건 사실이다. 말이 씨가 된다는 소리도 있고, 가수는 노래가 히트하면 그 곡의 노랫말처럼 운명도 그리 된다는 얘기도 있는데, 온 몸으로 노래를 부르면 모든 신경 세포가 그렇게 변해서 그리되는 것인지 모르겠다.

부적의 효과도 쓰는 사람의 정성과 지니는 사람의 믿음이 확실하면 허황된 것만도 아니라 하는데, 말과 글이 이처럼 기파氣波를 발산하고 있다.

성경에는 '우주만물을 말씀으로 창조하셨다.'라는 구절도 있다. 일본의 과학자 에미토사마루가 연구한 『물은 답을 알고 있다』라는 책을 보면, 물에 어떤 소리나 글자를 부여하였을 때 그 결정체가 변한다고 한다. 우리나라 아리랑에서부터 여러 나라의 명곡을 들려줬는데 그 모양이 각기 다르며 무척 아름다운 모습이었다.

또 연구하기를, 각기 다른 두 병에다 물을 담아 한 개는 '행복'이라는 글씨를 써서 붙이고, 다른 병에는 '증오'라고 쓴 글씨를 붙인 후에 냉동 보관하였다가 꺼내 보니, 행복이라고 쓴 병의 물은 꽃처럼 예쁜 결정체로 나타났고, 증오라고 쓴 병의 물은 미친 듯이 서로 뒤엉켜 있었다.

우리나라 방송국에서도 이와 유사한 실험을 한 적이 있는데, 아나운서 세 명에게 각각 밥을 두 그릇씩 나눠주고 한 그릇에는 비난과 야유 등 나쁜 말을 했고, 또 다른 밥에게는 칭찬과 찬사로 좋은 말만 했다고 한다.

며칠 후 칭찬을 들은 밥은 하얗게 꽃이 피었고, 나쁜 말만 들은 밥은 검게 썩고 있었다며 아나운서로서 말에 책임이 중요함을 모 방송국에서 방영된 적이 있었다.

글씨도, 소리도 이처럼 중요하다. 이런 관점에서 볼 때 평생을 쓰고, 듣고, 부르며 사는 게 자신의 이름이니 그 작용이 적지 않을 것 같다. 그래서인지는 몰라도 사람들 중에는 자신의 이름에 문제가 있다는 소리를 듣고 새로운 이름으로 개명한 이들을 쉽게 보는데, 이게 새로 짓기는 쉬운지 어려운지 몰라도, 그 이름으로 새롭게 불려지기까지는 쉽지 않은 것이 현실이다. 문제는 주위 사람들이 새로 지은 이름을 불러주지 않는 것이다. 그러다 보면, 그 이름은 자신마저도 점점 멀리하게 된다. 그래서 이름은 태어났을 때 잘 지어야 한다.

그럼 이름을 새로 지었을 때는 어떻게 하는지 보자.

첫째, 개명허가를 받아 신청해야 한다〔전문적으로 이런 일을 해주는 곳이 있음〕.

둘째, 명함을 만들어 인연 있는 사람들에게 열심히 나눠줘 알리는 한편 은행, 보험, 주식 등 새로운 통장을 만들어 인식해야 한다. 더 좋은 방법은 새로운 동네로 이사를 가고, 직장을 옮겨 새 이름으로 활동한다.

마지막으로, 자신의 새 이름을 시간 날 때마다 외우며 쓰기를 하루에도 백 번, 천 번 반복해야 한다. 잠들기 전에도 반드시 자기암시를 시키고, 자고 나서도 '나는 홍길동이다'라고 쓰고 외워야 한다. 꼭 종이에 쓰지 않고 허공에 쓰든 손바닥에 쓰든 상관없다. 이렇게 하기를 반 년 내지 일 년쯤 하면 새로운 이름의 파장이 내 몸의 세포와 익숙해지고, 내 자신과 새 이름이 결합되었을 때 비로소 개명의 효과가 나타나기 시작하는 것이니 이름 바꾸기가 참으로 어렵다.

이때쯤 되면 먼저 쓰던 이름은 누가 불러도 귓등으로 들리고, 새로 지은 이름은 잠자다가도 벌떡 일어난다. 수십 년 쓰던 걸 중간에 바꾼다는 게 이처럼 수고롭다. 또한 이름을 잘 바꿔서 운명이 변했다 하더라도 당신은 그걸 느끼지 못할 수 있다. 왜냐하면, 그 복은 자신의 노력으로 얻어지는 것이지 개명한 몫이라며 따로 선물 받듯 주는 게 아니기 때문이다. 또 어떻게 나타나는가? 운명적으로 좀 손해를 볼 일이나 몸이 아파야 할 일, 또는 주위 사람들로부터 고통받아야 할 일을 막아주었을 수도 있고, 조금 이득 볼 것을 좀 더 많은 이익을 얻었는지도 모를 일이다.

이름을 바꾸지 않았다면 디자이너 앙드레 김이 '김복남'이라는 이름으로 그만큼 성공했겠는가? 코미디언 중에 '이원승'이라는 이가 있는데, 지금은 대학로에서 피자전문점을 하는 사업가다. 그가 한참 고생할 때 어느 스님이 말하기를 "너는 원숭이 상이니, 이름을 그리 지으면 좋겠다."며 비슷하게 지어줬는데, 그래서 그런지는 몰라도 그 후부터 운이 좋아졌다고 했다.

사람의 이름뿐만 아니라 공장에서 나오는 제품도 그러하다. '럭키치약' 하면 안 팔리는데, '페리오 치약'으로 바꾸니 잘 팔리더라는 것이다. 만약 담배의 이름을 '폐암말기'라고 지으면 그게 잘 팔릴 수 있겠는가?

사업을 하는 사람은 상호도 전화번호도 자신의 이름 못지않게 중요하다. 이게 다 어려움을 걷어내고 복 받자고 하는 일이니, 작은 일에도 소홀함이 없었으면 한다.

세상 살아오면서 이것저것 그동안 실패만 거듭하였다면, 장사하다 망한 놈이 노름판에서 돈 따겠나 싶어 실의에 빠져 포기한 인생처럼 살아가는 사람도 있는데 그래서는 안 된다. 계절이 바뀌듯 운은 돌고 도는 것이며, 문제가 있으면 답도 있게 마련이다. 당신의 이름이 정말로 나쁘다면 바꾸는 것도 잘 사는 방법이 될 수 있다.

굳이 개명허가를 신청하지 않아도 새로 지은 이름을 누군가가 불러주었을 때 당신의 세포가 반응한다면 효과는 있다.

# Chapter 18 숫자가 주는 행운 갖는 이가 주인이다

　수數가 우리에게 어떤 영향을 주는지는 아직 그 방면에 부족함이 많아 설명할 수 없으나, 동서고금을 막론하고 수리數理의 작용을 인정하고 있다. 서양에서는 13이라는 수를 기피하고 7이라는 수를 선호하고 있는데, 우리 쪽에서는 4라는 수를 싫어하여 현대과학의 집합체인 병원에서까지도 아예 건물에서 4층이 없이 3층 다음에 바로 5층인 곳이 대부분이다.

　그런가 하면 짝수는 음수陰數이고 홀수는 양수陽數인데, 양수가 겹치는 1월 1일, 3월 3일, 5월 5일, 7월 7일, 9월 9일을 길일로 보고 있다〔음력〕.

개인 각자에게 부여된 숫자 중에는 노력하여 바꿀 수 있는 것과 운명적으로 바꿀 수 없는 것이 있는데 생일이나 군번, 학번, 주민등록번호 같은 것은 바꾸기 어려운 것이고 집 번지수, 전화번호, 자동차 번호판, 아파트 층 호수 등은 노력 여하에 따라 변경이 가능한 것이다. 상식적으로 외우기 좋은 번호가 좋은 수라고 생각하기 쉬운데 꼭 그런 것만도 아니다(아래 참조).

| 이것은 성명학에서 쓰는 수리数理와는 또 다른 것이다 | |
|---|---|
| 1 | 새로운 출발을 뜻하며, 일의 시작과 같은 뜻을 가진 수 |
| 2 | 이익과 인연이 있는 수 |
| 3 | 부단한 노력으로 근면성실을 의미하는 수 |
| 4 | 하향, 죽음을 의미하는 그야말로 죽을 사死 자 |
| 5 | 오복을 누리는 데 도움을 주는 수 |
| 6 | 노력한 만큼 복을 받는 정직한 수 |
| 7 | 럭키세븐이라 했던가? 이익과 인연이 있는 수 |
| 8 | 특히 재물 방면에서 이익이 있는 수 |
| 9 | 변동, 변화가 많은 수로 안정감이 부족한 수 |
| 10 | 달도 차면 기울 듯 이루어도 득이 없다 |
| 11 | 고생 끝에 희망 오듯 길한 수 |
| 12 | 두려움이나 공포심이 생기는 수 |
| 13 | 귀인의 협조를 받는 수 |
| 14 | 서로 협력하는 조화로운 수 |
| 15 | 주위 산만으로 사고 유발하기 쉬운 수 |
| 16 | 괜한 구설이 생기는 수 |

| 17 | 관재 구설이 발생하는 수 |
|----|------------------------|
| 18 | 구설과 시비를 발생케 하는 수 |
| 19 | 심리불안으로 번민함을 주는 수 |
| 20 | 자신에게 유리하도록 이익을 주는 수 |
| 21 | 평범, 무사 그야말로 무해 무덕의 수 |
| 22 | 정신적으로 예민해지기 쉬운 수 |
| 23 | 평범하며 여유와 만족을 알게 하는 수 |
| 24 | 화도 없고, 덕도 못 본다는 수 |
| 25 | 이 역시 평범과 무사를 뜻하는 수 |
| 26 | 예기치 않았던 괴로움 발생의 수 |
| 27 | 하는 일마다 순조롭게 도와주는 수 |
| 28 | 예상 밖의 기쁨이 오는 수 |
| 29 | 몸과 마음이 불안한 수 |
| 30 | 신경과민 발생 우려의 수 |
| 31 | 갑작스런 일이 발생하지 않는 수 |
| 32 | 이 역시 무해 무덕의 수 |
| 33 | 문서관리나 도장을 잘 관리해야 하는 수 |
| 34 | 가정의 화목함이 적은 수 |
| 35 | 마음먹은 일이 뜻대로 되는 길한 수 |
| 36 | 바라는 일이 성취되며 의지력이 있는 수 |
| 37 | 산 너머 산이라 할까? 문제가 자꾸 생기는 수 |
| 38 | 귀인의 협조를 얻어 일이 순조로운 수 |
| 39 | 득도 없고 해도 없는 수 |
| 40 | 길흉관계에 변화가 작은 수 |
| 41 | 변화와 변동이 많아 분주하기 쉬운 수 |
| 42 | 별다른 변화 없이 무해 무덕을 주관하는 수 |
| 43 | 새로운 희망을 갖게 하는 수 |

| 44 | 협동으로 도움을 주는 수 |
|---|---|
| 45 | 좌절도 희망도 없는 무해 무덕의 수 |
| 46 | 막혔던 운이 다시 열리는 길한 수 |
| 47 | 진퇴양란, 그물의 걸린 참새처럼 |
| 48 | 어둠 속에서 태양이 비추는 수 |
| 49 | 마음이 불안하고 고통을 주는 수 |
| 50 | 일이 성취되어도 득이 없어 허무함 |
| 51 | 어두운 밤길처럼 불안함을 주는 수 |
| 52 | 평범 속에 무해 무덕이다 |
| 53 | 내길외환內吉外患 안으로는 좋고, 밖으로는 나쁨 |
| 54 | 처음 시작은 좋으나 점점 하향 길로 가는 수 |
| 55 | 작은 희망이 알게 모르게 싹트는 수 |
| 56 | 평범 속에 무해 무덕을 주는 수 |
| 57 | 이 역시 덕도 해도 느끼지 못함 |
| 58 | 장마철 날씨처럼 변화가 많은 수 |
| 59 | 병아리가 껍질을 깨고 나오듯 고통 뒤에 희망 |
| 60 | 행운이 찾아드는 수 |
| 61 | 기쁨이 찾아드는 길한 수 |
| 62 | 도와주고 뺨 맞듯 친절이 원수로 |
| 63 | 뜻이 강하면 소원성취하는 수 |
| 64 | 참 좋은 수로 행운이 깃드는 수 |
| 65 | 득실이 없는 무해 무덕의 수 |
| 66 | 근심과 걱정으로 자포자기하는 수 |
| 67 | 쟁탈이 의심되니 강도, 도둑을 염려해야 함 |
| 68 | 노력하면 성공하는 길한 수 |
| 69 | 급하게 하다 손실을 볼 수도 있는 수 |
| 70 | 근면과 성실로 일을 성취하는 수 |

| 71 | 창고에 곡식이 가득하니 기쁨과 만족의 수 |
|---|---|
| 72 | 뿌린 대로 거두는 무해 무덕의 수 |
| 73 | 진실성 부족으로 사기성이 없지 않은 수 |
| 74 | 득도 없고, 실도 없고, 재미도 없고 |
| 75 | 무해 무덕하며 큰 변화가 없음 |
| 76 | 사업가는 부도 조심을 해야 하는 수 |
| 77 | 난관이 끝이 없다. 물 건너 물이다 |
| 78 | 다치고, 깨지고, 흩어지는 수 |
| 79 | 풍족하고 넉넉함을 의미하는 수 |
| 80 | 득실 없는 무해 무덕의 수 |
| 81 | 일이 순조롭게 되어 가는 수 |
| 82 | 변화를 모르게 서서히 행운이 오는 수 |
| 83 | 화재나 교통사고처럼 급한 사고주의할 수 |
| 84 | 꿈을 현실로 만드는 수 |
| 85 | 이 역시 좋은 수로, 실보다 득이 많다 |
| 86 | 협력과 협동이 염려되는 수 |
| 87 | 갈 길이 서로 다르니 의견 충돌하는 수 |
| 88 | 귀인의 도움으로 뜻한 바를 이룬다 |
| 89 | 길함을 상징하는 수로 기쁨이 있다 |
| 90 | 말이나 행동이 구설이 되기 쉬운 수 |
| 91 | 구설이 따르기 쉬우니 군자처럼 행동해야 |
| 92 | 불안하고 초조함을 주는 수 |
| 93 | 편안함을 주는 평화의 수 |
| 94 | 평범 속에 행운이 오는 수 |
| 95 | 갑자기 재난이 발생할 수 있는 수 |
| 96 | 구설과 시비로 조용하지 않은 수 |
| 97 | 답답하고 지루하여 신경성 우려도 염려됨 |

| 98 | 꽉 막힌 답답함에 고통이 올 수도 있음 |
|---|---|
| 99 | 한 고비 넘으면 또 한 고비가 오니, 화란이 많다 |
| 100 | 꽉 찼으니 부족함만 하겠는가? 실익實益이 없는 수 |

보는 법은 앞자리 수부터 끊어 읽는다.

예컨대 1234라고 할 때 12와 34라는 수가 되는데, 12라는 수는 두려움과 공포감을 주는 수이며 34는 가정의 화목을 기대하기 어렵다 했으니, 집 전화번호가 1234라면 외우기는 좋을지 몰라도 집안 분위기는 왠지 썰렁하고 냉랭하기 쉽다. 특히 휴대전화번호를 집 번호와 같은 걸로 하는 경우가 많은데, 나쁜 번호가 중복되니 생각해 볼 문제다. 혹여 운이 좋고, 집터가 길지吉地라면 물론 작용이 미미하다.

더 긴 번호 12345라면, 12와 34와 5로 본다. 10064라면, 100과 64로 보면 된다. 100은 별로이지만 64라는 수는 좋음으로 무관하다. 이때 앞자리 수 100보다 뒷자리 수 64가 작용이 더 강하다. 그러니 쓸만하다고 보면 되는 것이다.

필자의 아파트가 1403호인데 14는 협동과 협력을 주는 수요, 03은 3과 같으니 부단히 노력하는 수이다. 나쁘지 않다. 또한 전화번호가 3688인데, 36은 바라는 일을 성취하는 수이고, 88은 귀인의 도움을 받는 수가 된다. 이와 같이 조금 노력하면 행운의 수를 가질 수 있는 것이다.

6406이라는 전화번호를 쓰며 사업을 했었는데, 2266이 외우기 쉽다며 변경한 후부터 그전만 못했다. 우연의 일치인지는 알수 없으나 2266을 쓰고 있는 곳이 또 있는데, 일간신문 보급소다. 그런데 계속 힘들어하고 있다. 22는 신경질환을 유발하는 수요, 66은 근심 걱정으로 자포자기하는 수이다.

전화번호라면 앞자리 국번보다 뒷자리 번호가 작용이 더 크다고 본다. 독자는 노력하여 좋은 번호를 활용해 보시라. 남보다먼저 서둘러야 확보가 빠르다. 행운을 주는 수, 먼저 갖는 사람이 주인공이다.

# 운에 맞는 직업은 이미 반은 성공이다

　대학교를 졸업한 우수한 일꾼들이 청년 실업자가 되어 '백수 건달' 생활을 하고 있는데, 그 수가 삼백만 명이 넘는다고 한다. 그런가 하면 45세가 정년퇴직이란 말로 '사오정'이라 하더니, 그게 '38선'으로 하향되고 말았다. 그 후 언제부터인가 20대 젊은이 태반이 백수라는 뜻으로 '이태백'이라는 신종 유행어를 만들어 냈다.

　이렇게 '취업불황시대'를 넘어 '취업비상사태'에 있는데, 직업을 골라갈 수 있겠나? 이건 배고픈 사람이 찬밥 더운밥 가리고, 일반미 정부미 따져가며 먹겠다는 것과 마찬가지가 아닌가?

하고 말한다면 필자도 이에 동감은 한다. 그러나 그렇다고 또 아무 데나 갈 수 있는 것도 아니다. 직업은 자신에게 맞는 게 있다. 남들이 다 부러워하는 회사를 벌레 씹은 얼굴처럼 싫어하는 사람도 있는데, 이는 자신과 맞지 않아서 그럴 수 있다.

재주 또는 소질이라는 말이 있는데 그야말로 천부적 소질이다. 가르치지 않아도 배운 사람을 능가하는 예는 얼마든지 있다. 또한 똑같이 가르쳐도 두각을 나타내는 사람이 있는데, 이를 과학적으로는 부모의 유전자 관계라고 말할 뿐 아직 완전히 밝히지 못해서 그 이론을 명쾌하게 설명하지 못하고 있다. 그러면 이게 무엇 때문일까? 좀 허황되게 들릴지 모르지만 전생에 익힌 기술이나 공부, 예체능 등등을 30% 이상 70%까지 다시 갖고 태어나는데, 그게 소질이고 취미이며 온갖 재능이라 한다. 그래서 재주꾼이 있는 것이다. 그러니 남과 비교하지 말라, 불행은 그때부터 시작된다. 남과 경쟁하지 말라, 괴로움은 그때부터 시작된다. 행복의 비결은 남과 비교하지 않고 무리한 경쟁을 하지 않는데 있는 것이다. 타고난 자신의 운명을 남과 비교해서야 되겠는가! 직업을 즐겨야 한다.

자신의 운명은 자기가 전생에 만든 것이어서 이미 정해져 있다고 한다. 그러므로 사주와 궁합이 잘 맞는 직업을 갖게 되면 성공할 확률이 그만큼 높다. 자기에게 맞는 일은 재미있고, 일을 많이 해도 피로감이 적다. 그리고 열심히 흥미를 갖고 일한다. 그러니 성공이 빠르지 않겠는가〔성공이란 부귀영화를 누리는 것과는 다름〕! 반면에 자신과 맞지 않으면 조금만 일을 해도 힘들고, 금방 싫증이 나며, 지루하기만 하고 영 시간이 가지를 않는다.

공부에 있어서도 잘하는 학생은 책상 앞에서 떠나지 않지만, 싫어하는 학생은 붙잡아 앉혀 놔도 금방 갔다 온 화장실 또 간다고 나오고, 물먹는다고 나와 냉장고 여닫고, 또 나와 배고프다며 우유 마시고, 문 여는 소리만 나면 뛰어나오고, 전화벨이 울리면 얼른 나와 먼저 받고 산만하기 그지없다. 이런 애들을 보며 집중력이 없어서 그런다고 하지만, 그런 애들도 자기가 좋아하는 컴퓨터를 하거나 TV프로를 볼 때는 옆에서 불러도 통 듣지 못한다. 이게 집중력이 없단 말인가? 이런 게 다 자신과 맞지 않기 때문이다.

야구선수 박찬호에게 수학공부를 가르쳤다면 그런 선수가 없었을 것이며, 골프선수 박세리에게 미술공부를 가르쳤다면 어찌 되겠는가? 음악가 정명훈에게 축구를 시켰다면 그 결과가 참으로 재미있을 것 같다.

자신에게 맞는 일이 있다. 가령, 여름에 태어나서 사주에 불이 많으면 그 사람은 물을 선호한다. 그러므로 남들보다 물이나 음료수, 약한 술을 많이 마시는 데〔독한 술은 불로 봄〕 술로 인한 병이 쉽게 생기지 않는다. 이렇게 물이 필요한 운명이면 그의 직업을 물에서 찾아야 한다. 고기 잡는 어부, 양어장, 양식장, 낚시터, 생선가게, 해물 장사, 소금, 포목상, 생수 장사 등등이다.

이처럼 자기의 운명에서 필요로 하는 것과 가까이 하면 일하면서 기분도 좋아지고, 좋아서 하는 일이니 밤을 새워도 그에겐 고생이 아니다〔물론 운이 **따라줘야 함**〕.

"천재는 노력하는 사람을 이길 수 없고, 노력하는 사람은 즐기는 사람을 이길 수 없다."는 말이 있다. 그래서 취미를 직업으로 갖는 사람이 가장 좋은 직업이고, 실패할 확률도 따라서 적은 것이다.

낚시를 좋아해서 여러 해 낚시를 다니던 사람과 골프를 좋아해 몇 년 골프를 하던 사람이 동시에 낚시가게를 개업했다면 결과가 같을 수 없다. 거기에 운마저 나쁘면 그 결과는 이미 실패를 정해놓고 시작한 것이다. 취미와 맞으면 사주와 잘 맞기도 한다.

성공한 사람들을 보면 거의 다 자신의 운명과 맞는 일을 하고 있다. 사주에서 수水를 쓰는 사람이 있는데, 양조장과 새마을금고를 하고 있다〔돈도 흘러 다니기에 물로 봄〕. 이렇게 꼭 자신에게 맞는 직업을 우연인지 필연인지 하고 있는 것이다.

이처럼 사주와 직업이 맞으면 운에서 주는 복을 모두 다 받을 수 있다. 그러나 화火가 필요한 사람이 물에서 일하듯 서로 맞지 않으면 좋은 운을 만나도 그 복을 다 누릴 수 없고, 어쩌다 운마저 나쁘면 바로 끝장이다. 반대로 물이 필요한 사람이 수영장에 근무한다면, 운이 크게 나쁘지 않은 이상 그 영향을 심하게 겪지 않을 수도 있다. 자신에게 필요한 수기水氣를 계속 보충받기 때문이다.

모든 게 그렇듯이 직업도 자주 바꾸면 사람이 진득하지 못하고 경망스럽게 보이기도 한다. 그러므로 자신에게 맞는 직업이 무엇인가를 미리 알아서 그 방면으로 학과를 정하고 정진할 수 있다면, 이는 하늘의 이치에 합당한 것이 된다.

돈을 많이 벌거나 적게 벌고, 높은 벼슬을 하는 것은 여기에 속하지 않는다. 부귀富貴, 그 문제는 자기 자신이 지은 복과 관계가 깊다. 전생에 씨앗을 뿌리지 않았다면 예 와서 거둘게 뭐가 있겠는가? 그래도 자신의 사주와 궁합이 잘 맞는 직업을 가졌다면 그는 취미와 부합符合되므로 그의 삶에서 이미 성공한 셈이다.

# Chapter 20 내게 맞는 방위가 성공하는 방향이다

 

 

나쁜 방향, 즉 내게 맞지 않는 쪽으로 이사를 가면 안 좋은 일을 겪게 되는 수가 있는데, 식구들 중에서 누가 몸이 아파 시름시름 앓든가 이유 없이 사고가 나기도 하며, 사업가라면 일이 막혀 안 되는 일이 많아지고, 학생은 공부를 안 하고, 직장인이면 좌천, 이직, 심하면 파직까지도 경험한다.

이사가 잘못되었을 때는, 운이 나쁠 때 흔히 그러한데, 유심히 관찰하면 예민한 사람은 그 증상을 알 수 있다. 집에 혼자 있으면 무섭고〔애들은 더 무섭다고 함〕, 때로는 집 어디에선가 이상한 소리가 나기도 하며, 잠을 자도 꿈자리가 뒤숭숭하여 영 개운치 않은데, 이럴 때 자신의 집이면 빨리 문제점을 치료해야 하고 세를 든 집이면 하루 빨리 다른 데로 옮기는 게 상책이다.

이러한 일은 대체로 운이 안 좋을 때 복합적으로 나타나는 경우가 대부분이다. 운이 좋으면 좀 잘못돼도 작용이 미미하다. 그런가 하면 운이 좋을 때는 저절로 잘 되어 가니 그런 일을 여간해서는 만나지 않는다. 그래서 어떤 이는 '난 그런 거 안 보고 이사를 다녔지만 여태까지 아무 일 없이 잘 살고 있다'며 '그게 다 미신'이라 하기도 한다. 사주팔자가 좋든지 운이 좋으면 잘못된 이사로 부작용을 겪지 않는다. 그러나 사주가 안 좋은 사람이 운까지 나쁘면 조심해서 나쁠 게 없다.

이사 후 안 좋을 때는 두 가지를 점검해야 하는데 첫째가 이사한 방향이 바르게 되었나 확인하는 것이고, 둘째는 이사든 집에 문제가 없는지 점검하는 것이다.

용신방위라는 것도 있는데 이것도 중요하다. 사주에서 필요로 하는 방향을 향해 그쪽으로 다가가는 방법이다. 불이 필요한 사람이면 불의 방향인 남쪽으로 더 가는 것인데, 아무 때나 가는 게 아니고, 남쪽으로 가면 좋은 때에 맞춰, 좋은 날을 가려서 가는 것이다〔**Chapter 15 손 없는 날 방위, 택일(94, 96, 99페이지) 참조**〕.

사람 사는 집만 아니라 사업을 하는 사람이면 사업장을 옮기는 데 있어서도 아주 신중해야 한다. 잘 되던 업소를 크게 해보겠다며 호기 있게 옮겼다가 문 닫는 경우가 허다하다. 운명을 바꿔 잘살아 보겠다는 우리가 아닌가! 반드시 방위와 날짜를 따져서 행해야 함이 마땅하다.

방위方位가 운명에 미치는 것은 여러 가지가 있겠으나 그중에 우리가 잠자는 쪽도 중요한 것이다. 잠들면 그만인 듯싶겠지만, 잠자는 사람에겐 방어 능력이 전혀 없어 자신의 의지대로 할 수 없다. 자연 상태, 주위 환경에 몸을 맡기고 있는 시간인 것이다.

그러므로 잠을 잘 자면 몸이 가볍고 머리가 맑고 기분이 좋지만, 그렇지 못한 경우에는 자고 나도 몸이 무겁고 머리가 아프고 기분도 찜찜하며 우울하기도 하다. 더 심하면 가위에 눌리기도 하는데, 이런 것들이 잠자는 곳과 맞지 않기 때문이다.

그런 일이 있으면 잠자는 위치를 좀 옮겨 자든가, 머리 두는 방향을 반대로 해서 자 보든가, 아니면 반듯하게 누워 자지 말고 옆으로 누워서 잠을 자야 한다. 반듯하게 누워서 잠자는 것을 가리켜 공자님께서는 죽은 사람을 안치해 놓은 모습과 같다 하여 이를 '송장잠'이라 하였다. 이리 잠을 자면 잡귀가 침범하여 나쁜 꿈을 꿀 수도 있고 가위에 눌리기 쉬우니 경계하라 일렀다.

노인들 말씀 중에 북쪽으로 머리를 두고 자면 안 된다 하기도 하고, 장롱이 있는 쪽으로 잠을 자라, 아니 그쪽으로 머리를 두고 자면 안 된다며 의견이 분분한데, 이는 사람마다 맞는 방향이

다르기 때문이다.

　잠자는 방향은 띠로 보는데 다음과 같다.

| 申子辰년생(원숭이, 쥐, 용띠) | 丑方이니, 정북쪽에서 동쪽으로<br>30도 돌아간 위치다 |
|---|---|
| 寅午戌년생(호랑이, 말, 개띠) | 未方이니, 정남쪽에서 서쪽으로<br>30도 돌아간 위치다 |
| 巳酉丑년생(뱀, 닭, 소띠) | 戌方이니, 정서쪽에서 북쪽으로<br>30도 돌아간 위치다 |
| 亥卯未년생(돼지, 토끼, 양띠) | 辰方이니, 정동쪽에서 남쪽으로<br>30도 돌아간 위치다 |

　집의 구조나 침대 위치가 이 방향과 정확히 잘 맞는 집도 있겠지만 그렇지 않은 가정도 많을 것인데, 가능하면 이에 맞춰서 잠을 자면 된다. 이때 부부가 서로 방향이 다른 경우도 있는데, 그래서 궁합이 맞으면 편리한 점이 많은 것이다.

　이 방향으로 머리를 두고 자면 잠이 잘 오고 하는 일이 잘 풀린다 하였는데, 며칠 잔다고 금방 일이 잘 풀리는 건 아니다. 그래도 정성을 드리면 그만큼의 효과는 있는 법이다. 기억해 둘 것은 이 방향으로 앉아서 공부를 하는 학생은 절대로 우등생이 될 수 없다. 이는 잠자는 방향이어서 책상 앞에 앉으면 자꾸만 졸리기 때문이다.

그럼 공부하는 학생은 어느 방향이 좋은가?

학생은 물론 연구하는 학자, 글 쓰는 문인, 머리를 써야 하는 직장인 모두 여기에 해당된다.

이 방법도 띠로 방향을 보는데 다음과 같다.

| | |
|---|---|
| 申子辰년생(원숭이, 쥐, 용띠) | 午方이니, 정남쪽이 된다 |
| 寅午戌년생(호랑이, 말, 개띠) | 子方이니, 정북쪽이 된다 |
| 巳酉丑년생(뱀, 닭, 소띠) | 卯方이니, 정동쪽이 된다 |
| 亥卯未년생(돼지, 토끼, 양띠) | 酉方이니, 정서쪽이 된다 |

가령 용띠 생이라면 남쪽을 보고 앉으면 되는데, 그러면 등 뒤는 북쪽이 된다. 이 방향으로 앉아서 공부를 하면 정신이 반짝반짝하여 독선생을 둔 듯 효과를 본다고 하였으니, 활용해 보시기 바란다〔더 자세한 것은 『사주학 길잡이』 참조〕.

이 방향은 두뇌 활동에만 작용하므로 복이 들어오는 등 또 다른 변화는 기대할 게 없다. 그러나 머리회전이 빠르게 되니 좋은 점이 있는 것만은 사실이다. 그런가 하면 책상만 그 방향으로 두고 공부는 그 자리에 앉아 하지 않으면 방향의 효과는 거둘 수 없다. 독서실에서 공부하고 집에서는 잠만 자는 경우가 이에 속할 것이다. 이럴 때는 독서실에서 앉는 자리를 잘 정해야 한다.

책상 앞에 많이 앉아 있는 사람이면 사무실의 구조를 가능한 이 방향으로 맞추는 게 좋은데, 이때 용신用神 방향과 일치되는 사람은 길한 작용이 증가된다〔자신의 용신은 사주학을 공부한 사람만 알 수 있음〕.

잠잘 때, 일할 때, 공부할 때, 이사할 때 자신에게 맞는 방향을 선택해서 좋은 운명을 만드는 데 활용하시기 바란다.

운명과 방위가 알게 모르게 작용을 많이 한다. 필자가 상담을 하면서 겪은 일이 많은데, 설명하면 이런 경우이다.

수능시험을 보고 나면 누구나가 그렇듯이 어느 대학교에 입학원서를 제출해야 좋겠는가 하는 것이다. 수능이 학생만의 실력이라면, 원서 접수는 학생의 실력과 부모의 능력이 합격 여부를 좌우하는 경우가 태반이다. 그러므로 부모의 책임이 무거운 것이다.

어느 학생의 어머니가 물었다. D대학교 신문방송학과에 넣고 싶은데 점수가 부족하여 만만한 K대 전자공학과에 넣고…… 운운하기에 그 학생의 사주를 풀어보니, 다행이 D대학이 방향도 이름도 유리했다. 그래서 어느 날 몇 시에 접수시키고 나머지는 자신 있는 곳에 넣어두라고 일러줬다. 결과는 가장 어려워 보이던 D대만 합격이었다. 그는 이것이 기적이라 했지만 나는 그게 운명이라고 했다.

이렇듯 자신에게 잘 맞는 곳에는 행운이 기다리고 있다 그것을 찾는 게 역학이다. 운명은 동쪽에서 기다리는데 북쪽이나 서쪽으로 간다면 결과가 좋을 수 없는 것이다.

# 내게 맞는 색깔로 내 운명을 개척한다 Chapter 21

색깔도 자신의 운명과 궁합이 꼭 맞는 게 있다. 이를 알기 위해서는 전문 지식이 필요한데, 예를 들면 이러하다. 가령, 추운 겨울에 태어난 사람이면 불을 필요로 하는데 화용신[火用神이라고 함] 불의 색깔은 적색이다. 그러므로 이 사람에겐 붉은 색이 좋다. 다음으로 좋은 것은 불을 생해 주는 것이 나무인데 나무의 색은 청색이므로 겨울에 태어난 사람들에게는 붉은 색과 청색 계통이 운명적으로 길한 작용이 있다고 보면 된다.

그런데 이는 한 예를 든 경우이고, 실제로는 사주구성을 파악해야 한다. 왜냐하면 이는 일반적으로 대다수 사람들이 그렇다는 뜻이지 절대적으로 누구나 다 여기에 해당되지 않기 때문이다.

당신이 언제든 사주를 봐야 할 기회가 있으면, 잊지 말고 자기 자신에게 무슨 색이 맞는지 물어서 기억해 두었다가 생활에 두루 활용하면 좋을 것이다. 오행五行의 색을 참고로 하면 다음과 같다.

| 오행五行 | |
|---|---|
| 목木 | 나무의 색인 청록색이며, 푸른색 계통이면 모두 여기에 해당된다 |
| 화火 | 불의 색인 적색이며, 붉은색 계통이면 모두 여기에 해당된다 |
| 토土 | 흙의 색인 황색이며, 노란색 계통이면 모두 여기에 해당된다 |
| 금金 | 쇠의 색인 백색이며, 흰색 계통이면 모두 여기에 해당된다 |
| 수水 | 물의 색인 흑색이며, 검정색 계통이면 모두 여기에 해당된다 |

오행의 색깔 중에서 독자들의 이해를 돕기 위해 금金과 수水는 보충설명이 필요할 듯하다. 金〔쇠붙이, 철〕이 백색인 걸 확인하는 방법은 철공소에 가서 절단면을 보면 쉽게 알 수 있고, 水〔물〕가 검정색인 걸 보기 위해서는 제주 행 비행기를 타고 바다를 지나올 때 내려다보면 알 수 있다. 물은 적은 양일 때는 투명하게 보이고, 양이 많아질수록 짙푸르게 보이며, 양이 아주 많은 깊은 바다는 검정색으로 보이는 걸 확인할 수 있다.

| 사주에서 | 木이 필요하면, 청록색이나 나무를 생(生)해주는 검정색 |
| | 火가 필요한 사람이면, 붉은 색이나 불을 生해주는 청색계통 |
| | 土가 필요한 사람이면, 황토색이나 흙을 生해주는 붉은 색이 좋다 |
| | 金이 필요한 사람이라면, 흰색이나 금을 生해주는 황토색이 도움이 되는 색 |
| | 水가 필요한 사람이면, 검정색이나 수를 生해주는 흰색이 찰떡궁합이니 옷 색깔을 그리 맞춰 입는다 |

옷뿐만 아니라 양말, 넥타이, 손수건, 핸드백, 돈지갑, 명함, 자동차의 색 등 활용이 다양하다. 사람마다 자기 자신에게 도움 되는 색이 있으니 이를 사용하면 되는 것이다. 너무 유난스럽게 따지면 사는 게 좀 피곤하겠지만, 때에 따라 기분도 전환할 겸해서 자신의 운명에 색을 맞춰보는 것도 꽤나 좋은 방법이다.

재미있는 것은 자기의 사주에서 필요로 하는 색을 좋아하는 사람들이 대부분이다.

주의할 것은 불을 필요로 하는 사람에겐 붉은 색은 좋겠지만, 검정색을 입으면 이는 물의 색이어서 물이 불을 끄는 격으로 상극相尅이 된다.

간단하므로 상생相生과 상극相尅을 배워 보자〔이러다가 사주 보는 법 다 배우시겠네〕.

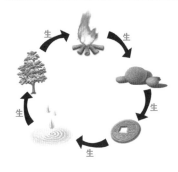

| | | |
|---|---|---|
| 상생(相生) | | |
| 木生火 | 나무는 불을 | 生해준다 |
| 火生土 | 불은 흙을 | 生해준다 |
| 土生金 | 흙은 금을 | 生해준다 |
| | (광천수 같은 예이다) | |
| 金生水 | 금은 수를 | 生해준다 |
| 水生木 | 수는 나무를 | 生해준다 |

**相生**은 부모가 자식을 기르는 것처럼 일방적인 도움을 준다

| | | |
|---|---|---|
| 상극(相剋) | | |
| 木剋土 | 나무는 흙을 | 剋한다 |
| 土剋水 | 흙은 물을 | 剋한다 |
| 水剋火 | 물은 불을 | 剋한다 |
| 火剋金 | 불은 쇠를 | 剋한다 |
| 金剋木 | 쇠는 나무를 | 剋한다 |

**相剋**은 경찰 앞에 범인처럼 꼼짝 못하게 하는 관계이다

◉**相生** 가령 축구선수들이 한편은 푸른색을 입고, 또 상대편은 붉은색 옷을 입었다면, 이는 상생 관계이므로 붉은색 팀이 유리하다(木生火).

◉**相剋** 한 팀은 푸른색을 입고, 다른 편이 노란색을 입었다면, 이는 상극 관계이므로 푸른색이 유리하다(木剋土).

이 방법은 선수들의 실력이 비등하고 여건이 비슷한 경우에 해당되는데, 여러 명이 서로 몸을 부대끼는 경기에서는 효과가 있음을 경험하였다〔절대적은 아님〕.

축구를 예로 든다면, 우리가 붉은색〔火〕 유니폼을 입었을 때 상대편이 청색이나 백색을 입었다고 하자. 이럴 경우 실력의 차이가 별로 없다면 우리가 이길 가능성이 높다고 할 수 있는데 설명하면 이렇다. 청색은 나무로 불을 생하니 우리가 이롭고, 흰색은 금이니 불이 극하기 때문이다. 그러므로 우리 팀에게 유리하다고 판단한다.

반대로 우리 선수들이 백색〔金〕 옷을 입었을 때에는 붉은 악마들의 옷이 모두 적색〔火〕이기 때문에 극을 당하는 형국이어서 실력발휘를 할 수가 없는 것이다. 그런가 하면, 우리나라가 동방東方이어서 목木으로 보기 때문에 나무와 쇠는 상극 관계가 된다. 그러므로 흰색 유니폼을 입으면 기가 흩어진다. 그러니 결과가 좋을 수 없는 것이다.

감독이나 축구협회 회장이 운이 좋은 날이라면 몰라도 이길 가능성이 희박하다. 필자의 경험으로 본다면 우리 팀이 백색 옷을 입고 승리한 경우는 그리 많지 않다. 자료가 있는 관계자는 통계를 내보시라〔씨름이나 유도, 레슬링이나 복싱 등 개인 경기는 그날 선수의 운이 더 영향을 줌〕.

색깔은 분명 당신의 운명에 변화를 준다. 그러나 붉은 색을 입어야 할 사람이 몇 번 검정 옷을 입었다고 해서 금방 바뀌는 게 아니다. 처마 밑에 떨어지는 낙숫물이 댓돌을 뚫는다고 하였다. 티끌이 모여 산이 되듯 쌓인 만큼 작용이 나타난다.

# 살아생전하는 수련
# 죽어서도 갖고 간다

# Chapter 22

수행자, 그것도 다 타고난 팔자라고 한다면 아니라고 부정하기도 어렵겠지만, 일반적인 시각으로 볼 때 이해하기 쉽지 않은 사람들이 절의 승려들이요, 성당의 신부나 교회 목사들이다. 그런가 하면, 명상이나 단전호흡을 심도 있게 하는 사람도 있고, 속세를 떠나 심산유곡에서 홀로 신심을 닦는 도인들도 있을 것이다.

그들이 사는 게 다 타고난 그들의 길을 가고 있는지는 알 수 없으나, 그렇게 살면 운명의 길흉吉凶작용을 감소시키는 것만은 분명하다. 지독히 나쁜 흉운이어서 크게 어려움을 당할 수 있음에도 작은 시달림만 겪고 넘기는가 하면, 엄청 좋은 길운이어서 무언가 크게 이로울 것 같은 데도 결과가 크지 않음을 필자는 경험하였다.

이들이 어느 신계神界에서 보호를 받는지 조정을 받는지는 아직 필자의 능력으로는 알 수 없으나, 일반적인 상식으로 추리해봐도 그럴 수밖에 없다는 답이 나오게 된다.

성공하는 사람이나, 실패하는 이들의 대다수는 욕심이 원인이다. 운이 좋을 때는 욕심만큼 벌고, 운이 나쁠 때는 욕심만큼 잃는다. 그러니 욕심을 버리고 마음을 비운 사람에겐 길흉에 운이 와도 작은 변화는 있겠지만 큰 득실이야 없지 않겠는가?

경거망동하지 않고 수행인으로 살아가고 있는데 어찌 큰 불행이 덮칠 것이며, 욕심 없이 마음을 닦는데 괜히 큰 복덩이가 주어지겠는가! 인연 없이 큰 복이 오지 않듯이, 이유 없이 큰 불행도 겪지 않는다.

그러므로 너무 욕심을 부릴 필요는 없다. 내 것이 아니면 어떤 방법을 다 써도 갖지 못한다. 잠시 소유했다 하더라도 다시 주인에게 갈 수밖에 없다. 반대로 당신의 것이라면 집착하지 않아도 가지게 된다. 내 운명에 그것이 없는데 어찌 내가 가질 수 있으며, 내 복에 그것이 있다면 누가 가져가겠는가! 그러니 강한 집착이나 소유하려는 욕심을 부려서는 안 된다. 모든 걸 자연스럽게 되어감에 맡기는 것이 하늘의 뜻대로 사는 것이다. 이는 『전법륜』에 있는 말이다.

이렇게 자연스럽게 되어감에 맡기고, 운명처럼 초연하게 살 수만 있다면 상당한 시련을 겪어야 할 사람이라 할지라도 감액 減厄될 것은 분명하다.

일을 함에 있어서 최상의 상황을 만들기 위해 노력은 해야 하지만, 이는 욕심을 부리지 않으면서 그리 해야 한다는 전제 조건이 있다. 탐욕을 줄이기 위한 방법으로는 마음공부만 한 게 없고, 또한 인간세상으로 자신의 영을 닦으러 온 목적을 달성하기 위해서라도 수련하는 것만큼 이로운 게 아직은 없다. 수행을 하여 크게 깨달음을 얻는 게 제일 큰 이익이며, 자신의 운명을 알고 그 이치에 따라 사는 게 그 다음이라 하였다.

수련이 왜 이처럼 좋은가? 그에 앞서 선행은 얼마나 좋은가를 보자. 당신이 선행을 많이 하여 덕을 쌓았다면 다음 세상에서 그걸 재물로 받아 큰 부자가 되거나 벼슬로 바꿔 높은 자리에 앉게 된다는 것이다. 그러면 수련을 하면 무엇이 어떻게 좋은가?

수련된 만큼 다음 생에서 그걸 복으로 바꿔 부자로 살 수 있고 벼슬로 받아올 수도 있으며, 수련된 위치만큼의 천상에서 그냥 머물러 살 수도 있고 아니면 다시 인간세상으로 수련한 것을 갖고 태어나 이어서 수련을 더 할 수도 있다는데, 이는 수련자의 선택이라는 것이다. 그러니 선행을 하는 것도 좋지만, 수련이 더 선택의 폭이 넓은 것이다.

또한 정법 수련으로 바르게 정진하면 수련자의 가정은 물론 주위 사람들까지도 신의 보호를 받는다고 하였다. 왜냐하면 인간은 죄가 많아 고생을 겪어야 하는데, 이는 육신이 있기에 그러하다.

석가모니 부처님께서는 태어나는 것도 고통이요, 늙는 것도 고통이요, 병드는 것도 고통이며, 죽는 것도 고통이라고 하셨는데 배가 고파도, 배가 불러도, 추워도, 더워도 재물이 없어도, 재물이 많아도, 육체적으로는 크고 작은 고통이 따르고, 정신적으로는 시달림을 겪게 된다. 대부분의 인간은 이렇게 고생을 겪음으로서 자신의 업장을 벗어내고 영혼을 진화시키고 있다. 그런데 수련까지 하겠다니, 하늘에서 볼 때 이 사람이 얼마나 진귀한가! 그러므로 그가 수련할 수 있도록 신이 보호를 해준다는 것이 파룬궁 창시자인 이홍지 대사의 말씀인데, 이유가 타당한지는 몰라도 보호를 받는 건 분명하다. 필자도 아직은 초급단계지만, 지금까지의 경험으로 본다면 수련을 하면 몸은 건강해지고, 정신은 총명해지며, 마음은 자비로워지고, 영은 맑아진다.

참고로 수련하는 사람들 또는 절에 다니는 불자들도 귀담아 들어야 할 말이 있다. 이것저것, 여기저기 하지 말고, 한 가지 바른 것을 선택해서 믿음을 굳게 가져야 한다는 것이다. 여래불, 석가

모니는 사바세계이고, 아미타불은 극락세계이며, 약사불은 유리세계라 하는데, 어느 것을 믿고 수행하느냐에 따라 사후세계 당신이 가야 할 곳이 다르다고 한다. 그런데 이것저것 여기저기 하다 보면, 여기도 아니고 저기도 아닌 것이다. 그래서 '불이법문不二法門' 이라 하였다.

예로부터 마지막 공부는 도학道學이라 하였는데, 죽어서 갖고 갈 수 있는 게 있다면 선행으로 쌓은 덕이나 수행으로 닦은 마음 공부이다. 그 외에도 큰 덕은 정치를 잘해서 많은 사람들을 이롭게 하는 것이라 하였고, 그 다음이 나라를 위해 헌신한 것이다. 또한 부모님께 효도한 것도 덕이 중하다 하였는데, 이 덕을 쌓으면 나쁜 일을 한 것이 있어도 정도에 따라 감액이 된다고 하였으니 믿고 의심할 것 없다.

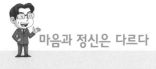

## 마음과 정신은 다르다

마음과 정신이 같은 것이라고 알고 있는 사람들이 생각보다 많다. 하긴 하나라 하여도 틀린 말이 아닐지도 모른다. 몸과 마음이 하나라 하기도 하는데 마음과 정신을 굳이 나눌 필요가 있겠는가? 그러나 꼭 구분한다면 다르긴 하다.

필자 또한 이게 다르다 하면서도 그동안 바르게 설명하기가 적절치 못했었는데, 단학선원 창시자인 이승헌 대사가 알기 쉽게 설한 것이 있는데 다음과 같다.

정신은 대개 머리에 있고, 마음은 주로 가슴에 있다. 정신이 하는 일은 여러 가지가 있겠지만 주로 손익관계를 주관한다고 생각하면 이해하기가 쉽다. 가령 어음이 부도가 났다든가, 재물을 도난당했다든지, 돈지갑을 잃어버렸다든지, 거절하기 어려운 사람이 자꾸만 돈을 꾸어달라고 하든지 했을 경우, "아이고 머리 아파!" 하지, "아이고, 가슴이야." 하지 않는다. 이 일은 머리가 해결하고 정신이 감당해야 할 몫이기 때문이다.

그러나 자식이 죽었다든지, 사랑하는 사람의 생명이 위험한 병을 얻었든지, 애인과 헤어졌다든지, 갑자기 교통사고 등으로 사망했다면 "아이고, 골치 아파." 하는 사람은 없다. "아이고 가슴이야!" 하면서 심지어 어떤 이는 가슴이 막혀 숨도 제대로 쉬지 못해서 쿵쿵 가슴을 친다. 이처럼 정(情)에서 생기는 관계는 가슴의 몫으로 마음이 감당해야 한다는 것이다.

반드시 그런 건 아니지만 주로 머리 공부는 학교에서 배우고, 마음의 공부는 종교계에서 가르친다. 그 외에도 다른 방법으로 정신 수양과 마음을 닦는 사람들이 있는데 그 수도 적지 않다.

# 당신이 웃는다면 운명도 웃게 된다

사람을 보고 운명을 판단하는 것을 '관상학' 또는 '인상학'이라고 한다. 『유장상법』과 『마의상법』이 있는데, 쌍두마차처럼 이 학문을 끌고 왔다.

마로 만든 옷을 입고 전국을 두루 돌며 평생을 바쳐 터득한 이치를 모아 저술된 관상학 책, 이것이 『마의상법』이다. 이 책 마지막 장에 개운 방법을 논하였는데, "사람은 타고난 운명대로 살게 되나, 나쁜 운명을 좋게 바꿀 수 있는 방법이 없지 않으니, 이는 싱글벙글 웃는 것이다."라고 하였다.

생글생글 웃는 여인의 얼굴, 싱글벙글 웃는 사나이의 모습, 이

것이 타고난 운명을 분명 바꿀 수 있다는 것이다. 웃는 얼굴만큼 아름다운 얼굴은 없다. 어떤 유명한 의사가 성형수술을 한다고 해도 예쁘게 웃는 얼굴은 만들어 내지 못한다. 고운 미소는 예쁜 마음에서 나오기 때문이다.

흔히 하는 말로 돈을 벌려면 돈이 사람을 따라야 한다고 하지 않는가! 발 없는 돈이 어떻게 사람을 따라 다니겠는가? 이는 발 있는 사람들이 돈을 지니고 다니기 때문이다. 그러므로 어떤 사람에게 사람이 따르면, 돈이 그 사람을 따르는 것이 된다. 사람들은 누구나 찌푸리고 우울한 모습보다는 즐겁게 웃는 얼굴을 좋아한다.

야비한 냉소, 싸늘한 비웃음, 능글맞게 웃는 얼굴을 보며 누가 그 사람의 마음이 아름답다 할 것인가! 웃음도 여유가 있어야 편안하게 웃는다. 밝은 미소, 호탕한 웃음은 주위 사람들까지도 즐겁게 한다. 그래서인지 몰라도 예로부터 웃는 집에 복이 온다고 하였다. 집안 분위기가 화목해야 복이 들어온다는 얘기다.

이런 집이 있었다고 하자. 매일 지지고 볶는 집이 있었다. 부부가 만나기만 하면, 눈만 뜨면 악을 쓰며 싸워댔다. 싸울 남편이 없으면, 애들이라도 때려 울려야 하는 그런 집이었다. 그 집에 복이 들어갈까? 있던 복도 시끄러워 나갈 판이다. 복이 들어왔다가도 "아이고, 내가 모르고 잘못 들어왔구나!" 하고 금방 되돌아

나갈 판이다. 당신이 복이라도 이런 집에서는 머물고 싶지 않을 것이다.

웃을 수 있다는 것! 누구나 다 할 수 있는 것이며 또한 아무나 할 수 있는 것도 아니다. 음양으로 보면 웃는 것은 양陽이다. 그러므로 웃으면 양기陽氣인 밝은 기운이 집안에 가득하게 생긴다. 찬바람이 도는 냉소나 엉큼한 음陰의 웃음이 아니라 반드시 곱고 밝은 양陽의 웃음이라야 한다.

그뿐만이 아니라 웃으면 건강해진다. '웃음건강치료법'이란 것도 있는데, 웃음으로 병을 치료하고 있다. 마음으로 생긴 병을 전문용어로 심인성질환이라고 한다. 실제로 모든 병의 70~80%는 마음에서 생긴 것이라고 하는데, 이 병에는 웃음이 약이 된다. 사람들은 대개 유머 있는 사람을 좋아한다. 그러나 그보다 더 좋아하는 사람이 있으니 이는 상대방이 이야기할 때 그의 얼굴을 마주보며 즐거운 마음으로 함께 웃어주는 사람이다. 웃자, 가슴을 펴고 웃자, 슬픔은 고통을 겪는 것이고, 웃음은 슬픔을 초월하는 것이다.

지금 읽던 책을 잠시 덮고 웃어 보시라. 큰소리로 웃건, 잔잔한 미소를 짓건 아무래도 좋다. 눈을 감고 마음속으로 당신의 몸속을 보면 모든 장기들이 웃고 있을 것이다. 위, 간, 심장, 하나나 살펴 보시라. 이번엔 반대로 찡그려 보시라. 분명히 당신의 오장

육부가 경직된다. 웃고, 찡그리고, 그걸 몇 번 반복해 보면 그 변화를 누구든 느낄 수 있다.

　사람의 나이 40세면 자신의 얼굴에 책임을 져야 한다고 하였다. 가만히 있어도 저절로 웃는 얼굴이 될 때까지 끝없이 노력해야 한다. 잔잔한 미소로 곱게 늙어 가는 자신의 모습을 그리며 나이를 먹는 게 오히려 기다려질 수 있다면 이는 신선이고, 보살이다. 웃는 것! 이것 한 가지만으로도 자신의 운명은 바뀔 수 있다. 당신이 웃는 만큼, 당신의 운명도 웃게 될 것이다.

# Chapter 24 미신이 웬 말인가
## 사주학은 자연과학

 

사주, 그게 맞나요? 많은 이들의 질문이고, 더 들어야 할 물음이라서 이 기회에 답해 두고자 한다. 사주학은 미신이 아니다. 이는 과학적 학문이다.

결론부터 말하자면 사주명리학 뿐만 아니라 풍수, 주역, 관상 등은 언젠가 밝혀질 '자연과학분야'의 학문이다. 그런데 이를 미신이라고 하며 마치 조선시대 사람 보듯 이상한 눈으로 보는 사람들이 있다.

이판사판理判事判이란 말이 있는데, 눈에 보이지 않는 이치를 판단하는 것일 이판理判이라 하고, 반대로 눈으로 보고 판단하는 것을 사판事判이라고 한다. 이판사판이란? 어느 쪽으로 보든지 결과는 같다는 말일 게다.

이판理判인 음양오행陰陽五行의 이치를 자신의 눈으로 볼 수 없다고 하여 이를 미개인들이 하는 미신행위라 한다면 만물의 영장인 인간의 지혜라 할 수 없다. 그동안 미신처럼 여겨 오던 것들이 속속 과학으로 밝혀지고 있는 것이다. 즉, 이판이 사판으로 바뀌고 있는 것이다.

예를 들어보자. 옛날사람들은 지동설을 믿지 않았다. 지구가 둥글다는 것도 믿지 않았고, 돌고 있다는 말은 더욱 있을 수 없는 허황된 민심 선동이었다. 그 후 과학자들로 인해서 갈릴레이의 이론을 인정하게 된다. 이제는 누구도 지구가 둥근 것이며, 460km의 빠른 속도로 빙글빙글 돌고 있다는 것도 계산기 몇 번 톡톡 치면 알 수 있는데 말이다. 그것도 몰랐다니, 그때 그들은 그렇게도 미개인이었다.

사주를 보는 이 학문도 자연과학으로 밝혀지는 때가 되면 그 사람들은 또 우리를 가리켜 참으로 미개인이었다 할 것이다. 그러면 이게 왜 과학적 학문인가?

甲, 乙, 丙, 丁…… 등 십간十干과 子, 丑, 寅, 卯…… 등 십이지十二支의 배합을 60갑자라 하는데, 甲子日이라면 甲은 나무요, 子는 물이니 나무가 물의 생을 받으며 잘 자라고 있는 형상이다.

乙丑日이라면 乙은 풀, 화초, 곡식으로 보며 丑은 土이니, 흙에 곡식이나 화초가 뿌리를 내리고 있다고 판단한다.

丙寅日이라면 丙은 불이고, 寅은 나무이니 나무의 생을 받아 불이 잘 타고 있다고 풀이한다. 이게 어디 미신이란 말인가?

또한 사주를 풀이하는 방법 중에서 여름에 태어난 사람이면 너무 더울 때이니 사주에 물이 있어야 한다. 없으면 운에서 와야 하는데, 이때 운에서 만나면 대운이 왔으니 길吉하다고 판단하는 것이다.

반대로 겨울에 태어났다면 무엇이 필요할까? 추울 때이니 불이 필요하다. 사주에 화火가 있으면 좋고, 운에서 또 오면 더 좋으니 그야말로 만사형통이다. 그리 되면 병자는 건강해지고, 직장인은 승진하고, 사업가는 발전하며, 정치인이나 연예인들은 명예와 부를 함께 얻는다.

여기에 어디 미신이 있단 말인가! 이는 엄연한 자연과학이다. 미신이란 말은 일제 때부터 많이 쓰였다. 일본인들이 우리나라를 빼앗고 나서 제일 먼저 한 일이 우리의 전통문화를 없애는 것이었다. 왜냐하면 그 나라를 지배하기 위해서는 역사와 문화를 말살하는 정책이 우선순위가 되기 때문이다. 그러나 풍수, 주역, 사주명리 등은 우리 민족들에게는 신앙과도 같은 믿음이 있었고, 이론도 있었다. 이 땅의 선비라면 누구나 갖춰야 할 기본 학문이었다.

문신이든 무신이든 천문지리, 주역, 풍수 등 역易의 이치를 알아야 했다. 이순신 장군도, 율곡 이이도 역학에 능能했다고 한다. 하다 못해 시골동네에서 훈장을 해도 역易을 알아야만 했다.

그래서 일본인들은 미신이란 말로 몰아붙여 미개인들이 하는 풍조라고 조장했던 것이다. 그러면서 한편으로는 우리의 명산마다 쇠말뚝을 박고, 총독부를 지어 혈을 막는 등 이른 바 자기들이 더욱 더 미신행위에 앞장을 섰다.

요즘 일본은 어떠한가? 역학이 과학적 학문이라며 열을 올리고 있다. 일본을 다녀온 사람들은 알겠지만, 우리보다 몇 배나 동양철학을 두루 활용하고 있다. 대학에는 의대 6년보다 더한 7년제 학과를 두고 졸업한 학생들을 대기업에 추천한다. 개인의 운명은 물론 회사의 운명까지 점검하는 것이다.

그뿐만이 아니라 운이 좋아지는 화장법까지 개발하여 선전하는가 하면, 역학에 관계있는 주간지나 월간지가 십여 가지나 발행되고 있다. 지난날 우리에게 미신이라 하더니 이게 과학적 학문이라며 더 열을 올리고 있는 것이다. 우리는 그들이 가르쳐준 대로 아직도 이 학문이 미신이라고 하는데 말이다.

하늘의 뜻에 따라 사는 게 순리이고, 그걸 아는 게 역학이다.

세상을 살아가다 보면 누구나 다 그런 건 아니지만, 대체로 운의 기복을 겪게 된다. 이는 직장인보다는 사업가나 정치인, 가수나 배우 등 연예인들에게 작용이 더 크고, 젊고 건강한 사람보다는 노약자나 어린이가 영향을 쉽게 받는다.

직장인은 운이 나쁠 때 한마디 들으면 그뿐이지만, 자기 사업을 하는 사람들에겐 직접 손실로 발생한다. 왜냐하면 사업은 모두 남들이 도와주는 것이기에 그러하다. 골목에서 작은 가게를 해도 동네사람들이 돕지 않으면 할 수 없다. 운이 안 좋을 때면고객들이 왠지 그 집 가기가 망설여진다. 그러니 잘 될 수가 없는 것이다.

소우주인 우리 인간이 대우주의 변화를 거스를 수 있겠는가! 누구나 운이 좋을 때는 일이 잘 되지만 나쁜 운을 만나면 재물을 잃기도 하고, 건강을 잃기도 하며, 사람을 잃기도 한다. 이를 미리 아는 게 사주명리학이다. 길운吉運이 올 때 미리 준비하고, 흉운凶運이 오기 전에 피해야 한다. 비가 오는 것을 막을 수는 없지만 피할 수는 있는 것이다.

증권가에서 그런다던가, 예상된 악재는 악재가 아니라고. 아무튼 기흉운忌凶運일 때는 은인자중해야 하고, 길운吉運일 때는 몇 배 분발해야 한다. 하늘이 준 기회를 어영부영, 흐지부지 보내서야 되겠는가! 이것이 순풍에 돛달고 태풍에 배 띄우지 않는 지혜인 것이다.

운명을 점검해야 한다. 그래야 실패하지 않는다.

누구나 하는 일이 잘 될 때는 앞만 보고 달린다. 그야말로 자신만만이요, 기세등등이다. 자기 자신이 그렇게도 똑똑해 보인다. 그러나 운명은 누구에게나 있는 것! 용기 있는 사람이라 하여 비켜가고 능력이 있는 사람이라 하여 봐주지 않으며, 종교를 믿는다고 하여 예외일 수 없다〔종교인은 사람에 따라 작용이 미약한 경우도 있음〕. 그러므로 잘 나갈 때라도 미리 한번쯤 자신의 운명을 점검해 봐야 한다. 갑자기 운이 바뀌면, 상황이 급하므로 대책이 별로 없거나 일 처리의 결과가 형편없다.

우리 독자님들은 이런 우愚를 만나지 않기 바란다. 앞으로 가는 자동차라 하더라도 뒤도 보고 옆도 봐야 안전 운전이 되는 것이다. 사주학은 미신이 아니라 바로 자연과학이기에 그것이 가능하다.

실패하지 않는 삶을 스스로 만드는 방법은 자신의 운명을 미리 알아서 이에 준비하는 것이 최상의 지혜이다.

이제 독자님들은 못사는 이유도 알았고, 잘 사는 방법도 배웠다. 그러므로 필자는 믿는다. 반드시 당신의 삶의 질은 좋아지고 의식의 격은 높아질 것이라고.

숙면을 흥게 만드는 24가지 방법

# 그것이 알고 싶다

이곳은 그동안 상담하면서 겪었던 이야기를 순서 없이 엮은 것입니다.

부담 없이 묻고, 편하게 답하는 형식으로

이 책에서 다루지 못했거나 설명이 부족했던 내용을 보충하였습니다.

따라서 중복되는 얘기도 있을 수 있으며,

반복되는 내용도 없지 않을 것입니다.

**상담 이야기**

間 선생께서 말씀하시기를 타고난 운대로 사는 거라고 하셨는데, 조심하면
　나쁜 운을 피해 갈 수 있습니까?

答 결론부터 말씀드리자면 피할 수 있습니다. 자신의 운명이 좋지
　않은 것을 알고 미리 주의를 하기 때문입니다. 가령 비가 온다는
　일기예보를 들어서 미리 알고 있다면 우산을 준비한 후에 외출
　을 할 것입니다. 그러나 모르는 사람은 준비를 안 했기 때문에
　밖에서 비를 맞게 되든가, 아니면 우산을 사야 하므로 고생을 하
　든가 예기치 않았던 돈을 쓰게 됩니다.
　중요한 것은 이처럼 날씨를 알았을 때 미리 대처를 했느냐, 알면
　서도 대비를 하지 않았느냐 하는 것입니다. 비가 오는 것을 사람

의 힘으로 막을 수 없듯이 오는 운명을 막을 수는 없습니다. 다만 어떻게 나쁜 운과 적게 부딪히느냐 하는 게 관건입니다. 날씨가 추워도 옷을 많이 입으면 견딜 수 있는 것처럼 당신이 얼마나 대비를 잘했느냐에 따라 결과는 다르게 나타나는 것입니다. 사업하는 사람이라면 규모를 최소한 줄이고, 어음을 받지 않는다든지 외상을 안 준다든지, 화재보험을 들거나 문단속을 철저히 해서 도난에도 주의를 해야 합니다. 또한 건강 검진도 신경 써서 받고, 운전을 해도 꼭 원칙대로 해야 하며, 등산이나 낚시 등 야외를 가도 객기나 호기로 위험한 행동은 절대로 피해야 합니다. 그야말로 수행자가 되어야 합니다.

그 외에 옷도 자신에게 맞는 색으로 늘 입으면 좋고, 이사를 가도 아주 조심해서 따지고 살펴서 움직여야 합니다. 운이 좋지 않을 때는 아무리 신경 써도 실수를 하는 경우가 많습니다.

그러나 신경을 쓰는 만큼 나쁜 작용을 줄일 뿐 절대로 좋은 운으로 바뀌지는 않습니다.

**問** 전생의 원수가 이생에서 부부로 만난다는데 그런가요?

**答** 솔직히 말씀드려 거기까지는 잘 모르겠습니다. 그러나 사주를 보면 그 사람의 부부 인연을 어느 정도 예측할 수는 있지요. 이건

결혼하기 전이라도 언제든지 가능하며, 심지어 어린아이의 장래 배우자가 어떤 사람인가를 대강은 알 수도 있습니다.

그런 면에서 볼 때 부부의 연은 정해져 있는 것 같습니다. 남자의 경우를 예로 말씀드리지요. 아내의 종류가 몇 가지 있는데 아주 헌신적인 아내입니다. 자기의 모든 것이 남편을 위해 존재하는 것 같이 내조가 생활이고 삶의 전부입니다. 남편이 실수를 해도 맘 넓게 이해하고, 파직을 당해도 진심으로 위로해 주며, 늘 남편의 편에서 생각하고 행동합니다. 이런 사람은 아마도 전생의 받은 것을 갚기 위해 아내가 된 듯한 부부입니다. 또 내생의 복을 짓고 있는 것인지도 모르죠.

흔히 말하는 전생의 원수가 이생에서 부부가 된다는 사람들의 말을 들어 보면 아내의 몸이 아프거나, 얼굴이 추하게 생겼거나, 심보가 고약하거나, 행실이 나쁘거나 아무튼 아내로 인해 고생을 많이도 합니다. 이런 사람들을 보면 서로 궁합도 맞지 않는데 어떻게 인연이 됐는지 함께 만나서 열심히 싸우고 있지요.

아마도 이런 부부의 경우는 전생에 맺힌 한을 풀기 위해서 만났는지 모르겠네요. 부부만 그런 게 아니라 부모자식간에도 이런 경우는 얼마든지 있습니다. 장애자로 태어나 부모의 가슴을 아프게 하고 몸을 힘들게 하며 평생 부모님을 고생시키는 자식도 있고, 형제자매간에도 원수처럼 싸워대는 사람들도 적지 않습니

다. 이런 경우도 아마 전생의 주고받을 빚이 있어서 그런 게 아닐
는지 모르겠네요.

間 왜 요즘 이혼을 많이 하나요?

答 그 이유야 여러 가지가 있겠지만 음陰의 시대가 되어서 그렇습
니다. 남자는 양陽이고 여자는 음陰인데 음기가 생을 받아 여자
들이 집에 있지 못하고 나가서 활동하게 됩니다.

음의 시대여서 밤에 많이 활동합니다. 직업의 종류도 남자보다
여자들이 할 수 있는 일이 더 많습니다. 남편보다 돈을 더 많이
버는 아내도 많고요. 그러다 보니 여자들의 목소리가 커지
고……, 옛날처럼 여자라고 괜히 기죽고 눌려서 고생할 필요가
있나요? 그래서 쉽게 헤어지는 가정이 많겠죠? 하지만 이것도 다
업보입니다. 전생의 뿌린 죄의 씨앗이란 얘깁니다. 그러므로 고
생이 돼도 끝까지 참고 다 갚아야지 삶을 포기하면 다음 생에서
또 그와 비슷한 삶이 다시 이어지게 됩니다. 아니면 자식에게 전
가되어 부모가 걷던 길을 당신의 자녀가 대신 걷게 되는 경우도
있습니다.

음기가 왕성하면 사회적으로도 도박, 퇴폐오락, 사기, 밀수 등
비밀스럽고 음란한 일도 많이 성행합니다. 생산하는 제품도 크

기가 작아서 현미경으로 봐야 겨우 보이는 걸 만들어 내는 기술
이 더 발달하지요. 미생물, 반도체, 의약품 같은 예입니다.

間 같은 형제자매간에도 더 잘 맞는 사람이 있나요?

答 그렇습니다. 이는 자기 사주와 합이 되는 경우 또는 자신의 사주
에서 보면 도움이 되는 오행을 가진 사람이 여기에 속합니다. 형
제뿐만 아니라 남녀노소를 막론하고 누구든지 해당됩니다. 그래
서 사람을 잘 사귀어야 합니다. 서로 도움되는 사람끼리 만나면
언제까지고 양쪽이 다같이 이롭습니다. 궁합은 남녀 간의 관계
에만 해당되는 게 아니라고 한 기억이 납니다. 특히 사주 구성이
편안하지 않은 사람이면 결혼 상대를 아주 신중하게 찾아봐야
합니다. 궁합을 봐서 자신의 사주에 도움이 된다면 이는 운명을
바꿀 수 있는 기회가 되기 때문이죠.

間 저에게는 물이 이롭다고 하시는데, 어떤 방법인지 구체적으로 말씀해 주
세요.

答 그러죠. 그걸 생활에서 찾으면 됩니다. 직업으로는 해양수산업,
어부, 양식장, 양어장, 낚시터, 놀잇배, 수상스키, 생선회, 김, 미

역, 다시마, 소금, 건어물, 포목상 등 물과 연관된 것으로 생각해 볼 수 있으며, 의상은 검정색 계통으로 입고, 핸드백, 손지갑 양말도 검정색으로 하며, 집안에도 어항에 물고기를 기르거나 물이 많은 사진, 또는 그러한 그림을 잘 보이는 곳에 걸어두면 좋습니다. 다른 사주도 마찬가지로 자신에게 필요한 색을 두루 응용하면 이치는 같습니다〔『사주학 길잡이』〈용신 활용편〉에 더 자세히 있어요〕.

### 間 사주를 보면 몸의 병도 알 수 있나요?

答 사주 구성을 보면 타고난 병을 짐작할 수는 있습니다. 이것은 타고난 운명으로 살아가면서 평생 따라 다닙니다. 단지 젊고 건강할 때와 운이 아주 좋을 때는 그 작용이 미약하지만 나이 들어 기가 쇠해지거나 몸이 약해지면 조금만 주의를 게을리해도 금방 나타납니다. 가령 어떤 사람의 사주 구성에서 목木이 병이라면 간, 쓸개, 팔다리, 신경 근육이 의심되고 대머리 현상도 나타날 수 있지요.

이처럼 사주 구성에 따라 병이 중重하고 경輕한 것도 오행五行으로 파악할 수 있습니다. 한의학은 오행을 근거로 치료하는 학문입니다.

그것이 알고 싶다

間 지금은 운이 좋으나 이다음엔 안 좋다 하셨는데 피할 방법이 있습니까?

答 그건 당신이 할 일입니다. 앞일을 안다는 게 이래서 좋은 것입니다. 구체적인 노후생활 계획을 세우십시오. 참고 삼아 말씀드리면 전문가들 얘기가 우리나라 사람들은 수입금 대부분을 자녀 교육, 자녀의 사업자금, 자녀의 주택 구입에 쓰고 있다고 합니다. 노후 대책이 전혀 없다는 거예요. 그러면서도 노후에 자녀들과 함께 살지는 않겠다고 하는데, 그 이유가 자식들한테 짐이 되기 싫다는 겁니다.

젊어서 번 돈은 자녀들에게 다 쓰고, 노후는 자식에게 짐이 되는 게 싫어서 따로 살아가야 한다면 늙어서 할 수 있는 건 고생밖에 없죠? 게다가 운마저 나쁘면 자식들이 아무리 많아도 누구 하나 도움이 되는 경우가 적습니다.

사회보장 제도가 비교적 잘 돼 있는 나라에 사는 사람들도 자신의 노후를 위해 연금이나 보험을 우선적으로 들어 놓고, 남는 걸 자녀들에게 쓴답니다.

아무튼 운이 안 좋으면 수입도 줄고, 건강도 안 좋고, 이래저래 지출도 더 많아집니다. 이 문제는 경제 전문가와 상담해 보시면 답이 있겠죠?

間 사주를 보면 왜 다르게 나오기도 하나요? 그래서 미신 같아요.

答 예, 그렇습니다. 그래서 미신이란 소리를 벗어나지 못하는 것도
이런 이유가 되죠. 사주는 목, 화, 토, 금, 수 이렇게 오행을 근거
로 풀이하는 학문입니다. 예전에는 글을 다 배우고 나서 이 공부
는 아주 나중에 했지요. 천자문부터 시작해서 동몽선습, 계문편,
명심보감, 소학, 대학, 사서삼경, 삼경 중에 시경, 서경, 역경이 있
는데 이 역경이 역학입니다.

이미 마음공부가 다 된 후에 이걸 배웠지요. 그런데 요즘은 몇 주
완성이니, 비법 전수니 하며 급하게 몇 가지 배워서 문 앞에 깃발
을 달지요. 무슨 도사하며 아주 요란한 사람도 있어요. 어느 계통
이나 학문의 깊이가 부족한 사람들이 있게 마련이지요. 또 사람
이다 보니 실수도 하고, 역술인의 판단이 서로 다를 수도 있어요.
법정에서도 같은 사건을 놓고 판결이 달라지기도 하잖아요? 그
래서 세 곳에 가서 상담하라고 했습니다. 실수를 할 수도 능력이
다를 수도 있어요.

間 점과 사주는 다르다고 하셨는데 과거를 알고 미래를 예견하는 것은 똑같
지 않습니까?

그것이 알고 싶다

答그렇게 생각하기 쉽지요. 그런데 사실은 크게 다릅니다. 그러므로 점을 쳐서 알아야 할 게 있고, 사주로 봐야 알 수 있는 게 있어요. 그걸 모르면 이가 아픈 사람이 안과나 내과로 가는 것과 다르지 않습니다.

설명하면 이렇습니다. 점은 구체적으로 일의 결과를 신에게 물어보는 행위입니다. 예를 들어 아파트를 사는 게 이로운가 상가를 사는 게 이로운가를 물을 때 이는 신에게 물어 점을 치는 것이 정확하고 빠릅니다. 또한 결혼하고 싶은 상대가 두 사람인데 조건도 비슷하고 궁합이 둘 다 괜찮으면 결정을 내리기 어렵습니다. 이때도 점을 치면 명쾌하게 답이 나옵니다. 사업을 시작할 때도 그 장소에서 그게 맞는 업종인지, 잘 될 건지, 안 될 건지 쉽게 알 수 있습니다.

점은 어느 것이 더 유리한지, 이 일이 장차 어떻게 될 건지 묻는 데 필요합니다. 가장 대표적인 예가 재판에서 판결이 어떻게 날지, 이번 선거에서 당선될지 낙방할지 미리 보는 것입니다. 재판 승소나 당선, 이거 전문가들도 정확한 예측이 불가능한 건데 신의 눈으로 보면 이미 결과가 나와 있는 거죠.

점이 어려운 것은 능력이 있는 사람이 점괘를 잘 뽑고, 실력 있는 사람이 풀이를 제대로 해야 맞지 그렇지 않으면 적중률이 0%가 되기 쉽습니다.

점의 종류도 주역, 육효, 타로카드, 육임, 자미두수 등등 아주 많습니다. 심지어 그릇을 깨뜨리면 재수가 없고, 똥차나 영구차를 보면 재수가 있다는 것도 점의 일부이죠.

사주명리학은 사람이 태어날 때부터 운명적으로 가야 할 길을 예측하는 학문이지요. 가령 몇 살 때는 어떻게 살고, 어느 때는 무슨 일을 겪으며, 왜 고생을 하고, 언제쯤 부나 귀를 누리고, 어느 때 결혼을 하며, 직업은 무엇이 좋고, 취직은 언제 되는가? 이 학문은 하늘이 만들어 놓은 운명의 길을 꿰뚫어 보는 학문으로서 그 사람의 전반적인 삶의 과정을 보는 겁니다.

사주를 볼 때도 역술인의 능력에 따라 용신이라는 오행을 사주에서 바르게 찾아내지 못하면 20%~30%밖에 맞는 게 없고 엉뚱한 소리만 하게 됩니다.

間 종교도 사람에 따라 맞는 게 있습니까?

答 결론부터 말씀드리면, 다 그런 건 아니지만 그런 사람이 있습니다. 모든 사람들이 다 그런 것은 아니고요, 경험에 의하면 사주에 인진술해寅辰戌亥가 있는 사람들은 우리의 전통 문화를 소중하게 보는 경향이 있지요. 그래서 그런지 이런 사주를 가진 이들은 전통 신앙인 불교 쪽에 관심이 더 많습니다. 만약에 이런 사주를

그것이 알고 싶다

갖고 태어난 사람이 서양 종교를 믿는다면 왠지 편치 않으며, 이
사할 때 손 없는 날을 찾아 하기도 하고, 결혼할 땐 궁합도 보고
싶어집니다. 모르긴 해도 전생에 인연이 남아 있어서 그런 게 아
닌지요. 그래서 종교도 선택이 중요합니다.

[問] 제가 몇 년 후 운이 나쁘다 하셨는데, 그러면 제 사업을 그만둬야 하나요.
아니면 하던 사업을 계속하는 방법도 있나요? 남에게 주기는 좀 아까운
데가 있어요.

[答] 방법이 있습니다. 그런데 이 방법은 자신이 직접 하는 게 아니라
가장 신임하는 사람, 꼭 믿을 수 있는 사람들 중에서 대운이 잘
들어와 있는 사람을 택하여 일을 맡기는 방법입니다.
세무서나 관할등록처에 명의변경을 마치고〔가능하면 그렇게〕 그
동안 써왔던 대표자의 책상도 넘겨주고, 명패도, 명함도 새롭게
만들어줘야 합니다.
그리고 사장님은 그 밑에서 일을 조언해 주어야 되겠지요. 그 일
에 대해서는 가장 많이 알고 있으니까요. 여기서 반드시 주의할
것은 사장님은 그 사업에서 대표가 아니라 조언자가 돼야 한다
는 점입니다. 새로 일을 맡은 사람에게 이거 해라, 저거 해라, 이
건 이렇게 하면 안 된다 하면서 주인행세를 하기 쉬운데 그러면

대표가 바뀐 게 아니지요.

여러 가지 일을 모두 알려주고 도와주는 정도에서 머물러야지 지나치면 안 됩니다. 가령 겨울에 난로를 산다면 한 개를 용량이 큰 것으로 사는 것보다 작은 것 두 개를 사면 골고루 더 따뜻할 거 같은데 두 개를 주문하는 게 어떠냐고 묻는 것입니다. 가장 가까운 곁에서 조언은 해주되 모든 결정은 사장님이 해서는 안 됩니다. 사장님이 일임한 새로 맡은 사장이 결정권자가 돼야 합니다.

이렇게 그 곁을 떠나지 말고 도와주시다가 다시 운이 좋아지면 그때 가서 다시 돌려받아 하시면 아무런 문제가 없습니다. 주의할 것은, 운이 안 좋으면 건강도 나빠지므로 이것저것 괜한 일로 신경을 써서 병을 만들지 마십시오. 남에게 일을 맡겼을 때는 그가 70%만 해도 만족해야 합니다. 사실 자신이 일을 해도 만족하지 못할 때가 얼마나 많습니까? 그러면서도 남에게는 100% 완벽하지 못하면 불만이 생기기 쉽죠.

아무튼 이 방법은 운이 다 했을 때 마지막으로 쓰는 것이니 어려움도 있고 계획도 치밀해야 합니다. 그러나 자신의 운을 미리 안다면 서둘러 급하게 하지 않아도 되므로 크게 어렵지는 않습니다. 참고로 말씀드리면, 첫째는 말씀드린 바와 같이 운이 아주 좋은 사람을 택해야 하고, 둘째는 자신과 궁합이 잘 맞는 사람이어야 하며, 셋째는 배신하지 않을 사람이어야 합니다.

이 방법은 남의 복으로 내 복을 지키는 것이니 충분한 대가를 그 사람에게 꼭 지불해야 합니다.

**問** 초상집에 가지 말라고 하는데 그런 것도 있나요?

**答** 네. 사람에 따라 마음이 약하던가 기가 허한 경우 또는 영이 맑은 사람으로서 방어능력이 부족한 사람은 피하는 게 좋습니다. 특히 젊은 나이에 자신의 죽음을 예고받지 못한 상태에서 갑자기 사망한 곳은 젊은 사람이라면 안 가는 게 좋다고 말합니다.

망자가 자신의 죽음을 알지 못하는 수가 많으므로 젊은 여자가 죽었을 때 젊은 남자가 간다든지, 젊은 남자가 죽었을 때 젊은 여자가 찾아가 망자의 영정에 인사를 하면 잘못될 수도 있다고 합니다. 더구나 죽은 사람의 마음이 반듯하여 생전에 남녀관계가 분명한 사람이었으면 그래도 괜찮지만, 색을 밝히고 음란한 삶을 살았다면 더욱 위험을 초래할 수도 있는 것입니다.

아무 남자나 보고 꼬리를 치던 여자, 아무 여자나 보고 수작을 걸던 남자의 영혼이라면 상황이 다를 수도 있다는 얘깁니다. 왜냐하면 심장마비나 교통사고처럼 급사를 하였다면 자신이 아직 죽었다는 사실을 깨닫지 못한 상태일 수도 있으니까요.

사람이 차츰차츰 늙어서 시름시름 아프다 보면 죽음이 가까워

졌음을 알 수가 있답니다. 그러나 갑자기 죽으면 그걸 인식하지
못하는 경우가 참 많다고 합니다.

間 **대운은 몇 년인가요? 사람마다 다른가요?**

答 대운은 10년씩 옵니다. 그러니까 최소 단위가 10년이지요. 운이
좋은 사람은 몇십 년씩 이어지는 사람도 있어요. 반대로 운이 나
쁜 사람은 그렇게 오랫동안 나쁘기도 하지요. 그러나 맞이하는
해에 따라 변수가 있으니 좋은 대운을 만나면 10년 간 다 좋고,
나쁜 대운을 만나면 10년 동안 계속 나쁜 게 아닙니다. 겨울에도
따뜻한 날이 있고 여름에도 시원한 날이 있잖아요? 고속도로도
막히는 날은 있는 겁니다. 그러나 대운이 나쁘면 대체로 안 좋고,
대운이 좋으면 대부분 좋습니다.

사람에 따라서는 10년 대운 잘 만난 것으로 재물을 모아 그 후 관
리를 꼼꼼히 잘 해서 그것으로 평생을 살아가는 사람도 있어요.
운명을 아는 사람이죠. 또 그런가 하면, 평생 번 걸 안 좋은 대운
때에 다 잃어버리는 사람도 있죠. 이런 일을 겪는 경우는 자신의
운을 모르기 때문입니다.

대운은 계절과 같습니다. 부지런히 씨 뿌리고 일해야 할 봄이 있
고, 곡식이 성숙해지는 여름도 있으며, 결실을 거두는 가을도 있

습니다. 그런가 하면 휴식을 해야 할 겨울도 있지요. 어느 대운을 만나느냐에 따라 운명이 달라지고 복이 드나듭니다.

겨울에 씨를 뿌린다면 싹도 못 나오고 얼어 죽습니다. 그런 대운에 사업을 시작하면 바로 문을 닫게 됩니다. 가을에 씨를 뿌린다면 싹이 조금 자라다가 겨울을 만나게 되는 형상과 같으니 사업이 조금 되는 듯하다가 간판을 내리겠죠? 대운! 사람마다 무두 같지 않으며 참으로 중요합니다. 그러나 사주에 따라 운의 영향을 적게 받는 사람도 얼마든지 있습니다. 그야말로 팔자가 좋은 사람들이죠. 주로 이런 사람들이 이 학문을 미신이라고 하는 이가 많습니다.

間 운이 좋을 때는 주의를 안 해도 되나요?

答 사람이 살아가면서 주의를 안 해도 좋을 수는 없습니다. 조심해서 나쁠 게 있겠습니까? 단지 운이 좋으면 조심을 덜 해도 좀 낫습니다. 예를 들면 이사를 한다면 이사 방위를 보고, 이사 날짜를 정하고, 길일을 택해야 되는 번거로움이 있지만 운이 좋을 땐 그런 거 안 보고 그냥 갔는데도 썩 좋은 경우가 종종 있습니다. 운이 좋으면 자신의 판단에 그만큼 좋은 작용을 하기 때문입니다. 그래서 그동안 운 좋게 살아온 사람들은 "나는 여태까지 그런 거

단 한 번도 본적 없지만 잘 되고 있다. 그런 게 모두 다 미신이다.” 하고 말합니다. 이 말이 듣기에 아주 그럴 듯합니다. 그 사람이 살아온 길이 누가 봐도 평탄했고, 하는 것들이 잘 되고 있기 때문이죠. 그러나 운명을 아는 사람의 측면에서 보면 그게 다 운이 좋기 때문입니다. 하늘이 정해준 복인데 누가 막겠습니까? 혹여 손해를 좀 봤다 하더라도 사람이 살다 보면 그럴 수도 있다고 생각하지, 운명을 역행해서 그리 되었다고는 느끼지 못합니다. 다시 말씀드립니다만, 비유하자면 운명을 안다는 건 일기예보를 미리 듣는 것과 크게 다르지 않습니다.

間 나무나 바위에도 기도하는 사람이 있는데 효험이 있나요?

答 효험이 있을 수도 있어요. 그러나 잘못되는 경우도 있는데, 그런 곳에는 신神보다는 귀鬼가 있을 수 있지요. 귀도 그 사람의 소원을 들어주기도 합니다. 자기가 할 수 있는 한계에서……. 물론 그 능력은 아주 작습니다. 그리고 공짜는 없으니 그 대가를 반드시 줘야 합니다. 그게 뭔지는 모릅니다. 귀이기 때문에 상당히 안 좋은 걸 당신에게 요구할지도 모릅니다. 그러니 아무 데나 소원을 빌며 절하지 마세요. 그리하면 저급한 영체들에게 이용될 수도 있다고 이홍지 대사께서도 말씀하셨고 예수님께서도 “나 하나만

믿어라." 하셨다는데 다 이런 걸 우려하셨기 때문이죠.

그 당시에도 바다, 산, 바위, 나무 등등 잡신을 믿는 행위가 아주 성행했다고 합니다. 잡신으로 빙의될 수도 있고, 나쁜 병을 앓을 수도 있으며, 정신이 이상하게 바뀔 수도 있습니다. 그래서 예수 님께서 경계하라 이르신 것입니다.

부처님께서도 불이법문不二法門이라 하여 하나만 믿고 따르며 수행하라 하셨어요. 올바른 종교라면, 정법수련이라면 그리고 일심으로 믿는다면 신의 보호는 반드시 있습니다. 그러나 우리 인간은 그걸 알지 못합니다. 가령, 죽을 사람이 크게 다치는 것 으로 액땜을 했다면 그걸 알 수 있습니까? 천만 원 손해 볼 것을 오백만 원이나 삼백만 원쯤으로 감액을 해줬다 해도 당신은 역 시 알지 못하고 오히려 신을 원망할지도 모릅니다. 부처님께 얼 마나 절을 하고 왔는데, 주님에게 그토록 기도했는데 오히려 나 쁜 일이 생겼다고 할 겁니다.

間 나무나 돌, 꽃이나 벌레하고도 대화를 하는 사람이 있는데 그럴 수 있나 요?

答 사람의 능력에 따라 가능한 사람도 있습니다. 흔한 예로 아기 엄 마는 갓난애와 대화를 나눕니다. 그것도 아주 재미있게. 또 어떤

사람은 기르는 개나 고양이하고도 얘기를 합니다.

영이 더 맑은 사람은 나무나 꽃하고도 가능하다고 봐야겠죠? 필자도 그런 걸 체험하지는 못했지만 부정할 수는 없을 것 같아요. 자신이 보지 못하고, 듣지 못한 것은 믿을 수 없다는 사람들이 있어요. 내가 보고 들은 것만 믿는다 하는 사람도 있는데, 이 말이 우리가 듣기에는 썩 이치에 맞는 거 같지만 자신이 모르는 건 모두 부정한다는 점에서 볼 때 좀 억지가 있는 말이지요.

요즘 들어 외계인을 인정하는 사람들도 많아졌어요. 미국에는 911대원들에게 외계인을 만났을 때 어떻게 하라는 대처 방법이 있는데, 그 책의 두께가 우리나라 전화번호부만큼 두꺼워요. 외계인이 있으니 믿으라고 말하면 이상한 눈으로 보는 사람이 더 많을 겁니다. 그럼 미국 정부가 이상한 건가요? 나는 보이면 믿겠다 하는데, 믿어야 보이는 것도 많습니다.


問 남이 쓰던 물건을 써도 되나요? 그러면 안 좋다 하기도 하고, 괜찮다 하기도 하는데 그런 것도 있나요?


答 그건 괜찮을 수도 있고, 안 좋을 수도 있습니다. 그 물건을 쓰던 사람이 어떤 사람인가 하는 걸 알아야 해요. 옷이나 소지품에는 그 사람의 기가 배어 있게 됩니다. 자신과 잘 맞는 사람으로 도움

그것이 알고 싶다

을 주는 기파氣波가 옷이나 쓰던 물건에서 나온다면 오히려 좋겠지만, 반대의 경우라면 그게 좋을 수가 없겠지요. 더구나 죽은 사람의 물건인 경우 살아생전에 그 사람이 목숨처럼 아끼던 거라면 영혼이 떠나지 않고 그 물건에 붙어 있을 가능성도 없지 않습니다. 그러면 귀신이 붙어 있는 물건이니 그야말로 재수가 없을 겁니다. 그 물건의 주인이 좋은 운일 때 갖고 있던 물건이라면 상관이 없겠지만 그 반대에 경우라면 나쁜 기운이 자신에게 올 수도 있습니다.

그러므로 남이 쓰던 물건은 잘 아는 사람이 준 것이 아니면 굳이 그런 걸 택할 필요는 없겠지요.

**問** 싫어하는 사람이 준 선물도 나쁘겠네요?

**答** 그렇죠. 그러나 다 그런 건 아니고 주는 사람은 좋은 마음으로 주는데 받는 사람의 입장에서는 싫은 경우가 있지요? 그건 좀 낫고, 돌아서면 욕을 하면서도 앞에서는 마지못해 선물을 해야 하는 경우가 생기는데, 이런 걸 받으면 좋지 않은 기운도 같이 옵니다. 대개 자기가 싫어하는 사람과는 기氣가 맞지 않는 경우가 거의 다죠. 그러므로 그 사람이 주는 것은 우리가 알게 모르게 도움이 되지 않는 것이 많을 겁니다.

間 사람에 따라 부동산이나 현금 중 재산을 늘리는 데 있어서 더 유리한 게 있다면서요?

答 예, 그렇습니다. 사주로 풀어보면 부동산 그러니까 문서가 도움이 되는 사람이 있고, 돈이 도움이 되는 운명이 있어요. 문서가 도움이 되는 사람의 사주는 전문 용어로 인성이 용신이라 하는데, 사주가 이리 되면 대체로 이렇습니다.

어려서는 생모의 덕을 많이 보고, 자라서는 학문을 즐기며 배우기를 좋아하고, 학교에서는 스승을 잘 만나는 인연이 있지요. 이런 사람은 현금을 갖고 있으면 어려움이 생깁니다. 반드시 문서로 보관해야 좋으니 당연히 부동산이지요.

어려서 생모보다는 생부의 덕이 더 컸으며, 돈 버는 재주가 있고, 결혼 후 처덕이 있다면 이는 부동산보다 현금을 움직이는 쪽에서 수익이 좋습니다. 금융업 같은 경우가 되겠네요.

이렇게 자신에게 맞는 것이 있으나 정확한 건 사주풀이를 해봐야 알고, 그것보다도 운이 좋으면 어디에다 투자를 하든, 투기를 하든 모두 결과가 좋게 나타납니다. 그러니 운이 최고의 복이죠. 그래서 머리 좋은 사람보다 팔자 좋은 사람이 더 좋다는 말이 있잖아요.

問 시대가 이렇게 바뀌었는데 요즘도 굿을 하는 사람들이 있어요. 그게 효과가 있나 보죠?

答 글쎄요? 효과가 전혀 없다고 할 수도 없고, 또한 아무런 변화가 없다면 그게 몇 천년을 이어져 오겠습니까? 무속인들은 스스로 말하기를 자신들은 신과 인간을 연결해 주는 매개체라고 합니다. 그런데 그들의 행위가 우리 일반인들 눈에는 보이지 않으니 믿음이 약하지요. 눈에 보이는 것도 믿지 못하는 세상인데 보이지도 않는 일을 믿도록 하기란 쉬운 일이 아니죠.

굿을 하고 나면 바라던 일이 금방 뜻대로 이뤄진다면 몰라도 그게 꼭 그리 되는 것도 아니잖아요. 실제로 막힌 것을 풀어준다는 게 쉬운 일이 아닌데도 그들은 그걸 쉽게 말하고 자신 있게 장담하는 사람들이 많지요.

적절한 비유는 아니겠지만, 아픈 사람이 병원을 간다고 다 낫는 것도 아니고, 오래 앓아 많이 고생한 사람들은 그런 말을 합니다. 의사와 환자가 서로 연대가 맞아야 병이 낫는다고 말입니다. 무슨 병이나 모두 다 고치는 사람이 의사가 아닙니다. 의사들도 전공과목이 있듯이 무속인들도 그런 사람이 있는 것 같아요. 그래도 의사는 자신의 전공이 아니면 다른 병원을 추천해 주지만, 무속인들은, 절대라고 말해도 될지 모르지만, 절대로 안 그래요.

언제나 자기가 최고이지요. 신의 성격이 그런가 봐요.

굿을 한다는 것, 바람직하지는 않지만 또 근거 없이 허황된 것만
은 아닌 게 분명하죠. 그래서 세상은 재미있습니다.

問 남에게 양보를 많이 하는 것도 덕이 되는 일이지요?

答 그렇습니다. 그런데 양보도 상황을 봐서 해야 되지요. 가령 기차
표나 극장표를 사려고 줄을 섰는데, 당신이 앞으로 자꾸 양보를
한다면 이는 뒤에 있는 사람들에게 피해를 주는 게 되지 않겠어
요? 차를 운전할 때도 역시 그러한데, 당신의 앞으로 차를 자꾸만
끼워주면 오히려 뒤에 오는 차에게 피해를 주는 수가 더 많습니
다. 그리 되면 이게 덕 쌓는 일이 아니지요.

좀더 어렵게 얘기해 볼까요?

가령 지하철 입구 등에 구걸을 하는 사람이 있을 때 당신은 불쌍
한 마음에서 자비심이 나와 그에게 도움을 줄 수 있습니다. 그러
나 한편 생각하면, 당신을 비롯한 다른 사람들이 돈을 주지 않는
다면 그는 다른 일자리를 찾아 성실히 살아갈 수도 있을 것입니
다. 그러니 그에게 바른 삶을 살지 못하게 한 거 아닙니까? 그러
면 덕을 쌓은 게 아니라 업을 지은 겁니다. 한 걸음 더 깊이 들어
가 생각해 보면, 그는 전생에 나쁜 일을 한 죄가 커서 그렇게 고

생을 하고 있는 것인데 당신이 도와준다면 신이 배치한 일을 방해하는 것일 수도 있습니다. 참 어렵지요?

이렇듯, 선행을 베푼다고 한 일에도 그 일이 반드시 좋은 일이 아닐 수도 있습니다. 그러나 아마 모르긴 해도 마음속에서 자비심이 나왔다면 너무 깊이 생각하지 마시고 마음이 시키는 대로 하시면 될 겁니다.

**問** 부자의 것을 훔치는 건 도적이고, 가난한 집의 것을 훔치는 건 살인이라고 하셨는데 구체적으로 말씀해 주시죠?

**答** 이 책에도 그렇게 쓰긴 했는데, 반드시 꼭 그런 것은 아닙니다. 부자의 것이라도 죄가 다를 수가 있는데, 다시 설명하면 이렇습니다. 어느 부자 집의 돈을 좀 훔쳤다고 가정했을 때, 돈이 많은 부자라도 잃어버린 것이 아깝고 억울함이 크다면 죄가 더 크다고 합니다. 이는 억울함이 크기 때문이지요.

부자라도 돈을 잃어버린 후 어려움을 겪었다든지, 다른 누군가를 의심해 의심받은 사람이 고통스러웠다면 죄가 더 크다고 합니다. 그러나 돈을 잃어버린 사람이 그 돈을 좋은 일이나 올바른 데 쓰지 않고 도박이나 마약, 또는 음탕한 곳에 쓰려 했다면 그 죄는 가볍다고 합니다.

가난한 사람의 재물을 훔치면 그 죄가 더 크다 하는데, 이는 생계에 어려움을 주어 원망이 더 크기 때문입니다. 더구나 그 돈이 양식을 살 것이라든가, 몸이 아파 약을 살 돈, 아니면 급하게 병원에 갈 돈이었다면 그 죄는 중죄가 되며, 더구나 병원 치료를 못받거나 약을 못 먹어 그로 인해서 목숨을 잃었다면 그 죄는 무겁기가 천근만근이어서 덕을 쌓은 사람이라도 죄업을 벗어날수 없다고 합니다.

이는 능력 있는 사람이 하늘의 법칙에 따라 죄의 경중을 본 것인데, 제가 들은 대로 말씀드린 것입니다. 그러므로 우리 인간 세상의 벌칙과는 차이가 있습니다.

우리 여기서는 부자의 것이든, 가난한 자의 것이든, 훔친 돈의 용도가 무엇이었든 죄목이 크게 달라지는 것을 느낄 수 없지요? 그러나 하늘의 법도는 다르답니다.

間 삼재라는 게 있죠? 제가 내년에 삼재라는데 좀 걱정이 되네요. 어떤가요?

答 예, 삼재란 줄임말이고 원래는 '삼재팔난' 이라고 하여 세 가지 재앙과 여덟 가지 어려움이 있다고 하는 살殺인데, 어떤 이들은 이걸 아주 중하게 보는 사람도 있어요. 반드시 다 그런 건 아니지만, 절에 스님들이나 무속인들이 그런 경향이 더 많은 것 같다고

우리 역학인들은 말합니다.

삼재는 12년에 3년씩 오는 것인데, 사실 이게 이름 그대로 작용을 다 한다면 나라가 망할 일입니다. 국민들의 반의 반, 사분의 일이 모두 다 겪어야 하니까요.

삼재란 삼재가 시작되는 해로 들어온다고 하여 들삼재, 머무는 해를 놀삼재, 나가는 해를 날삼재라고 하며, 이중에 나가는 해가 작용이 제일 강한 편인데 사주 구성에 따라 다르지 사람마다 다 같은 것은 아닙니다. 또한 삼재를 겪는다 해도 운이 좋으면 오히려 '복삼재' 라고 하여 재물이 더 들어온다고 합니다.

받는 소가 일 잘한다는 말이 있지요? 힘이 넘쳐 기가 펄펄한 소는 뿔로 사람을 받아 넘기기도 하는데 잘만 다루면 이런 소가 일을 더 잘한다고 합니다. 삼재도 아마 복삼재가 되면 그런가 봐요. 그래서 어떤 이는 겁을 먹고, 어떤 이는 안 믿기도 하는데 이런 사람은 모르긴 해도 그동안 운이 좋았을 것입니다.

누구나 운이 좋지 않을 때 삼재를 만나면 더 짐이 무거워는 지겠지요.

問 운명, 그런 게 있나요? 노력하면 되는 것 아닌가요?

答 운명이란 똑같이 사람으로 태어났음에도 어떤 이는 일찍 죽고

어떤 이는 오래 살며, 어떤 이는 빈천하고 어떤 이는 부귀하며, 어떤 이는 병약하고 어떤 이는 건강하며, 어떤 이는 손해 보고 어떤 이는 득을 보며, 어떤 이는 죄를 짓고 어떤 이는 덕을 쌓는 것들을 일컬어 운명이라 합니다.

또한 세상을 살다 보면 어느 때는 잘 살고, 어느 때는 못 사는데 그게 다 운명이지요. 좋은 것이든 나쁜 것이든 운명은 씨앗과 같다고 합니다. 그러므로 싹이 터서 성장할 수 있는 환경이 되었을 때에 비로소 그 작용이 나타나게 됩니다. 따라서 마음을 바르게 하여 선행에 힘쓰면 악업이 싹을 틔울 수도, 성장할 수도 없습니다. 이는 환경 조건이 그렇게 되었기 때문이지요.

**問 계속해서 선행에 힘쓰면 누구나 운명이 좋게 바뀌나요?**

**答** 행운을 얻고 불운을 피하길 바란다면 선행을 해야 하지만, 그에 앞서 자신의 그릇된 허물을 먼저 반성하고 고쳐야 합니다. 삿된 마음을 가지고 있으면서는 선행을 베풀어도 운명이 바뀌지 않습니다. 이는 마치 컵으로 물을 마시려면 물을 따르기 전에 컵을 깨끗이 씻어야 하는 것과 다르지 않습니다. 잘못된 허물을 고치지 않고 선행만 하는 것은 깨끗한 물을 더러운 컵에 채우는 것과 같습니다.

問 선행의 목표는 정하는 게 좋나요? 그냥 기회가 있을 때마다 편한 마음으로 하는 것이 좋은가요?

答 기회가 된다면 뚜렷한 목표가 있는 것이 좋습니다. 기왕이면 자신의 운명을 개선하는 기준을 조금 높이 정하는 것도 괜찮습니다. 선행이 가벼우면 운명이 바뀌지 않습니다. 바뀌어도 그 작용이 미미하여 느끼지 못합니다. 그러므로 열 번보다 백번이 더 낫듯이 '선행 1천 가지 달성! 3천 가지 목표!' 하는 식으로 크게 정해 놓고 실천하면 인생은 크게 바뀔 겁니다. 그러면 당신의 불행과 바꿀 수 있습니다. 구체적으로 말씀드리면, 몸에 어떤 병이 있는데 영 낫지 않으면 그걸 목표로 선행을 시작합니다.

시작할 때는 종교가 있으면 그 신神에게 기원하는데 이때 1천 가지 또는 2천 가지 선행을 베풀겠다는 다짐을 神 앞에서 하고서 그 숫자를 채워 나가는 방법입니다.

선행을 시작한 후에 중요한 것은 빨리 병이 나아야겠다는 마음으로 하는 게 아니라 진정한 마음에서 우러나오는 선행이 되어야 합니다. 기간은 언제까지 하겠다 정해 놓으면 무리를 하는 수도 있게 되므로 기회가 될 때마다 인연이 닿을 때마다 그때그때 하는 것이 더 마음도 편하고 좋을 것입니다. 급한 마음에 빨리 병이 낫게 해달라고 서두르는 것은 절대로 선행을 베푸는 것에 속하지 않습니다.

사실, 운명을 좋게 바꾸는 방법 중에 이 방법만큼 효과적인 것이 없습니다. 그러나 그만큼 공이 들어가야 하므로 쉽게 시작할 수도 없는 거죠. 선행이 가볍거나, 마음 수행이 따르지 않으면 절대로 변화가 없을 테니까요. 말씀드린 것처럼 더러운 그릇에 깨끗한 물을 담는 것과 같을 겁니다.

　사람들이 필자에게 "귀신이 정말 있습니까?" 하는 질문을 한다. 결론부터 말하자면 "그렇다."이다. 귀신이 있다면 어디에 있는가, 어떻게 생겼는가 하면서 트집 잡듯 따지며 묻는 사람이 있다.

　"당신이 오늘 살고 내일 죽는다면, 오늘까지는 사람이고 내일부터는 귀신이다."라고 말하곤 했다. 이건 사실이다. 그렇지 않다면, 죽은 다음에 아무것도 없는 그냥 끝이라면, 동서고금을 막론하고 이 땅에 종교는 모두 허구였단 말인가? 그동안 종교계에서, 지옥을 핑계로 극락과 천당을 얼마나 내세웠던가! 그러므로 필자는 이 땅에 종교를 방패삼아 감히 말한다. 분명 귀신은 있다고……. 만약에 사후세계가 없다면 이 세상이 얼마나 삭막하고, 우리의 삶이 얼마나 허무하며, 사람 사는 게 얼마나 무의미할까? 자선은 중단되고, 범죄가 만연하며, 지옥이 따로 없을 것 같다.

　일찍이 마틴 루터 목사가 말하기를 '만약에 신이 없다면 우리는 신을 만들어야 한다.'고 했다. 아마도 그렇게 해야 이 세상이 살만 하게 평화롭고, 선과 악이 비교되는 조화로운 세상이 되나 보다.

지구상에 존재하는 경문 중에서 글자 수는 가장 적고, 그 내용은 제일 깊다는 우리의 『천부경天符經』을 보면 만왕만래용변부동본萬往萬來用變不動本이라 하여 만 번 가고 만 번 와도 쓰임은 다르지만 뿌리는 변치 않는다고 하였다. 다시 말해서 천 번 만 번 수도 없이 태어나길 거듭하는데, 세상에 올 적마다 바뀌어 태어나서 사는 게 그때마다 다르지만 그 뿌리〔元神〕는 변하지 않는 것이라 하였으니 죽으면 끝이 아니다. 이렇게 동양 종교에서는 윤회설을 말하는데 서양 종교에서도 부활을 믿는다.

호기심 있는 독자는 귀신을 체험할 수 있는 방법이 있기는 하다. 단지 심장이 튼튼해야지 그렇지 않으면 크게 위험할 수도 있음을 미리 밝혀둔다.

밤에 홀로 산 속에 들어가서 촛불을 밝히고, 향을 피우고, 떡과 과일을 차려놓고, 막걸리로 잔을 채운 후 두 손 모아 합장하고 신을 불러 보라. 아니, 가만히 고요한 마음으로 있어도 된다. 영이 맑은 사람은 그날부터, 좀 둔한 사람은 며칠 후, 아주 둔한 사람이 아니면 귀鬼든,

신神이든, 어떤 방법으로든 만나게 될 것이다. 기氣는 광음파光音波이 므로 형체를 볼 수도 있고, 소리로 들을 수도 있으며, 몸으로 느낄 수 도 있다.

이 방법은 십중팔구 귀신 체험이 가능하다. 반드시 주의할 것은 신神을 청하기는 쉬워도 보내기는 어렵다 하였으니 신중 또 신중해야 한다.

신神을 부정하지도, 신神에 의존하지도, 신神을 기피하지도 않는 지혜로운 당신의 삶이 되기를 기대한다. 필자가 이토록 신神이 존재함을 권하는 까닭은 신神의 존재를 인정하지 않으면 스스로 깨우쳐 겸손해지고 선행을 베풀며 마음을 닦기가 참으로 어렵기 때문이다.

또한 무속인들의 의식행위는 물론 점이나 풍수, 관상이나 사주 등에도 너무 집착하지 않기를 권한다. 약한 마음으로 그런 것들을 자주 접하면 이런 행위를 지배하는 잡신들에게 당신의 운명이 끌려다닐 수도 있는데 이러면 안 된다. 반드시 자기 의지가 분명해야 한다. 아직은 이 땅에 마음공부, 수련만 한 게 없다고 필자가 이미 언급한 바 있다. 필자도 요즘 상담을 접고 수련을 하고 있다.

끝으로 독자에게 꼭 당부하고 싶은 것이 있다면, 이 책은 소설이나 수필처럼 가벼운 마음으로 한두 번 읽고 그냥 덮어두는 책이 아니다. 어긋난 길은 갈수록 벌어지는 법. 손이 닿는 곁에 두고 틈나는 대로 읽으면서 엇나가 그릇되기 쉬운 마음을 늘 되잡고, 잘못된 자신의 습관을 끊임없이 고쳐 나아가는 데 이정표가 되었으면 한다. 당신의 운명을 좋게 만들어 잘 사는 방법이 이 책에 있기 때문이다.

이 책을 끝까지 읽어주신 인연 있는 독자님들께 감사드리며, 이 책의 출간에 특히 마음 써주신 상원문화사 문해성 사장님께도 큰 감사를 드린다.

2018년 여름에
정용근 두손모음

# 운명을 좋게 만드는 24가지 방법

**1판 1쇄 인쇄** | 2018년 09월 03일
**1판 1쇄 발행** | 2018년 09월 10일

**지은이** | 정용근
**펴낸이** | 문해성
**펴낸곳** | 상원문화사
**주소** | 서울시 은평구 증산로 15길 36(신사동)_ (03448)
**전화** | 02)354-8646 · **팩시밀리** | 02)384-8644
**이메일** | mjs1044@naver.com
**출판등록** | 1996년 7월 2일 제8-190호

ISBN 979-11-85179-27-8 (03180)

이 도서의 국립중앙도서관 출판예정도서목록(CIP)은 서지정보유통지원시스템 홈페이지
(http://seoji.nl.go.kr)와 국가자료공동목록시스템(http://www.nl.go.kr/kolisnet)에서 이
용하실 수 있습니다. (CIP제어번호 : CIP2018026565)